O HOMEM QUE COMPROU O TEMPO

PRINCÍPIOS MILENARES SOBRE DINHEIRO E CONSTRUÇÃO DE RIQUEZA

O homem que comprou o tempo

2ª edição: Abril 2025

Autor:
Thiago Nigro

Preparação de texto:
Gabrielle Carvalho

Revisão:
Daniela Georgeto
3GB Consulting

Projeto gráfico e diagramação:
Jéssica Wendy

Capa:
Rafael Brum

DADOS INTERNACIONAIS DE CATALOGAÇÃO NA PUBLICAÇÃO (CIP)

Nigro, Thiago
O homem que comprou o tempo : princípios milenares sobre dinheiro e construção de riqueza / Thiago Nigro.
— Porto Alegre : Citadel, 2025.
272 p.

ISBN 978-65-5047-446-1

1. Ficção brasileira 2. Autoajuda I. Título

25-0146 CDD B869.3

Angélica Ilacqua - Bibliotecária - CRB-8/7057

Produção editorial e distribuição:

CITADEL Grupo Editorial

contato@citadel.com.br
www.citadel.com.br

THIAGO NIGRO
CRIADOR DO CANAL **O PRIMO RICO**

O HOMEM QUE COMPROU O TEMPO

PRINCÍPIOS MILENARES SOBRE DINHEIRO E CONSTRUÇÃO DE RIQUEZA

CITADEL
Grupo Editorial
2025

SUMÁRIO

CAPÍTULO 1

O PRESENTE

Lídia encarava a tela do celular, seu rosto banhado pela luz pálida do aplicativo de conversa. Frustrada, a jovem de vinte anos baixou o aparelho e se ajeitou desconfortavelmente no banco de madeira – muito mais por conta do vestido elegante do que pelo assento em si.

Às suas costas, o enorme jardim era um espetáculo noturno em desconstrução, com garçons exaustos e serventes do bufê recolhendo toalhas de mesa, empilhando cadeiras e retirando taças de cristal que menos de uma hora antes haviam servido aos entusiasmados convidados de sua festa de aniversário. Envoltos por luzes alegres, postes baixos iluminavam um caminho de pedras que circundava a piscina até uma opulenta mansão branca, isolada e imponente como um castelo de outra era.

Lídia lançou um olhar discreto para o relógio de pulso, mesmo tendo conferido as horas no celular segundos antes. O objeto – um presente de aniversário que ganhara havia dois anos – era uma verdadeira obra de arte em miniatura, os ponteiros movendo-se com a graça silenciosa e confiante da maquinaria italiana dos anos 1940. Incrivelmente bem preservada, a peça era um testemunho da história que se adequava confortavelmente ao punho delicado da menina, ainda que a elegância não aliviasse o peso da culpa que ela sentia ao usá-la.

– Elas embarcaram? – veio a voz atrás de Lídia. Virando-se, ela encontrou um homem ao final da meia-idade, parado a alguns passos do banco, como se aguardasse a permissão dela para se aproximar. Ao contrário da jovem, ele parecia à vontade em seu terno elegante, ajustado ao corpo como a armadura de um guerreiro experiente. Seu porte sugeria uma vida de responsabilidades sobre os ombros. Na mão direita, o copo ainda continha dois dedos de um líquido transparente.

– Sim, acabaram de entrar no avião, finalmente – respondeu Lídia, voltando a encarar o celular. – Mamãe disse que a vovó estava ansiosa.

– A nevasca finalmente passou, não tem por que ela ficar ansiosa – disse ele, se aproximando.

– *Surpresa*, pai, as pessoas ficam ansiosas quando voam de avião.

O homem deu de ombros.

– Sua avó está *sempre* ansiosa, seja com os pés no chão ou a 30 mil pés de altura. – Ele se sentou ao lado da filha no banco.

– Isso... Isso foi uma tentativa de trocadilho? – Lídia baixou o celular e abriu um meio-sorriso.

– Você sabe que eu fico mais engraçado quando bebo. – Ele balançou o copo na mão.

– Você não enganou ninguém na festa com essa água aí, ô *James Bond* – Lídia o provocou.

Os dois riram. O sorriso da menina, contudo, desvaneceu antes que o de sua companhia, e então ela voltou a atenção para o celular.

Por um instante, o tilintar dos talheres sendo recolhidos preencheu o vácuo entre pai e filha. O homem olhou de relance para trás, admirando as luzes das árvores e os postes enfeitados ainda piscando – fadas que se recusavam a dormir.

– Seus amigos gostaram da festa? – ele quebrou o silêncio.

– Que amigos, pai? Vieram, tipo, duas pessoas da faculdade – disse ela, o olhar preso na tela.

– E a Mariana? Não veio?

– Pai, a Mariana era minha amiga da 8ª série, eu não falo com ela há *milênios*.

– Por que não veio mais gente da faculdade?

– Esse não é bem o tipo de festa que o pessoal de artes plásticas gosta – falou ela.

O homem franziu o cenho.

– Como assim esse *tipo* de festa? – indagou ele. – Festa boa?

– *Festa de rico*, pai.

– Ai, meu Deus… – O homem revirou os olhos. – Festa é festa, ora!

– Deixa pra lá, você… – ela hesitou, parecendo desistir do que ia dizer. – Você não entende.

– Se esses seus amigos artistas se acham tão melhores que você, então… Bom, talvez eles não sejam seus amigos – falou ele. – Sabe, a forma como as pessoas reagem ao sucesso alheio diz muito sobre como será quando o momento delas chegar. Se elas não são capazes de ficar felizes com o seu sucesso, acha mesmo que alguém vai ficar feliz por elas?

Lídia torceu os lábios.

– E o que você entende de amizades? – ela ironizou. – Você só tem colegas de trabalho.

– Mas os meus colegas de trabalho *são* meus amigos! E eles vieram na sua festa, a propósito!

– Ah, me desculpe então se o tempo dos meus amigos não pode ser comprado, como o dos seus.

O homem esboçou um meio-sorriso ao ouvir aquilo.

– Deve ser engraçado mesmo achar que você tem todas as respostas do mundo, né? – disse Lídia, deixando o banco de madeira e a presença do pai para trás.

A aniversariante atravessou o jardim ansiosa, esquivando-se dos garçons que recolhiam as memórias da festividade. Os salto-altos e as roupas finas, escolhidas com cuidado para a ocasião, agora limitavam os passos apressados que a levaram até a mansão. Absorta em sua própria tempestade interior, ela só se deu conta de que estava dentro de casa quando se viu diante do escritório do pai.

Lídia girou a maçaneta e empurrou a porta maciça, lembrando-se da dificuldade que tinha de abri-la quando criança – em muitos sentidos. O aposento era tanto um museu da história do mundo quanto da vida e do legado daquele indivíduo, um santuário de suas conquistas profissionais. Quadros ilustravam eventos congelados no tempo, enquanto armaduras romanas e máscaras japonesas pareciam ainda reter a alma de seus antigos guerreiros. Livros e artefatos de todos os cantos do globo preenchiam prateleiras e nichos empoeirados. Os recortes de jornal amarelados e as fotografias capturavam os sorrisos da família e dos parceiros comerciais; peças de um complexo mosaico do qual Lídia havia tempos sentia que não fazia mais parte.

Ela estava cercada pelo passado, mas era o futuro e o seu papel nele que pesavam em sua mente jovem.

Lídia se deixou cair na cadeira de couro atrás da grande mesa de trabalho do pai. Sobre o móvel encerado, dividindo o espaço com pastas e documentos manchados de café, um pano vermelho cobria um volume quadrado – um mistério que ela não se interessou em espiar. Ao lado, uma pequena caixa de vidro guardava uma dúzia de medalhas da Segunda Guerra Mundial, cada uma contando histórias de coragem e terror. A menina encontrou também um álbum de fotografias antigas, que ela começou a abrir quando notou que o pai a observava.

– É mesmo possível se comprar o tempo, sabia? – disse ele, apoiado na lateral da porta.

– Eu fui grosseira, não deveria ter dito aquilo. – Lídia fechou o álbum, emburrada. – Você *tem* amigos, eu sei. O tio Saito e a mulher dele são uns fofos, apesar de ela sempre me chamar de *Lívia.*

– Eu tenho poucos amigos, admito. – Ele deu de ombros. – Mas sabe por quê? Porque eu descobri, desde cedo, que tentar agradar a todo mundo não nos leva a lugar algum, filha. Troque a necessidade de ser *querida* pela vontade de ser *bem-sucedida* e, consequentemente, você vai atrair pessoas que verdadeiramente te querem bem. Ou vai atrair sanguessugas interessados é na sua *riqueza.* Bom, ao menos dentro da família sabemos que isso é menos provável... Por falar nisso, vi que você estava olhando o nosso álbum. – Ele caminhou até a mesa, dando a volta no móvel até parar ao lado da filha. – Você sabe quantas pessoas, em média, existem em uma família de dez gerações, como a nossa?

TROQUE A NECESSIDADE DE **SER QUERIDA** PELA VONTADE DE SER **BEM-SUCEDIDA** E, CONSEQUENTEMENTE, VOCÊ VAI ATRAIR PESSOAS QUE VERDADEIRAMENTE **TE QUEREM BEM.**

– THIAGO NIGRO

Lídia negou com a cabeça.

– Mais de duas mil pessoas – respondeu o pai, abrindo o álbum de retratos. – Mais de duas mil pessoas tiveram que viver para que eu e você estivéssemos aqui hoje. Veja, este aqui é seu bisavô. Quando ele...

– Por que você sempre faz isso? – Lídia se levantou da cadeira.

– Isso o quê? – Ele olhou para a filha, genuinamente confuso.

– Isso! Você... Você desmerece as minhas escolhas, a gente briga e depois eu fico culpada enquanto você finge que nada aconteceu.

– Filha, eu não desmereci as suas escolhas. – Ele fechou o álbum. – Eu critiquei os seus amigos...

– Os meus amigos fazem parte das minhas escolhas, pai.

– Eu não... – Ele então se interrompeu, inspirando fundo. – Me desculpe, eu não queria te chatear, especialmente hoje. Especialmente depois da sua mãe e da sua avó não terem conseguido chegar a tempo da festa...

– Oh, a princesa nascida em berço de ouro não pode ser decepcionada – ironizou ela, passeando pelo escritório.

O cenário contava a história de um homem que moldara o mundo à sua volta, mas que, por alguma razão, não conseguia moldar a ponte entre ele e a própria filha.

Lídia parou em frente a uma prateleira onde repousava a miniatura de um navio romano, cujos remos, mesmo diminutos, pareciam capazes de cortar as águas de mares distantes.

– Ah, o trirreme, o navio de guerra usado tanto pelos romanos quanto pelos cartagineses – disse o pai, se aproximando dela. – Você já ouviu falar das Guerras Púnicas?

– Um pouco – respondeu a jovem, desinteressada.

– Na Primeira Guerra Púnica, Roma e Cartago lutaram principalmente no mar, e esse tipo de navio aqui... – O homem segurou a miniatura na altura do rosto, girando-a para examinar seus detalhes. – ... foi fundamental nessas batalhas. Cartago era a grande potência naval da época, dominando as rotas comerciais e as batalhas marítimas com facilidade. E, por estarem nessa posição de poder fazia tanto tempo, acreditavam que sua vitória estava garantida, que sua supremacia naval era inquestionável...

– Mas... eles não venceram, certo? – falou Lídia, fisgada pela história.

– De início, os romanos insistiam nas mesmas táticas, usavam as mesmas estratégias repetidamente, e, como você pode imaginar, sofreram várias derrotas – prosseguiu o pai, colocando o trirreme cuidadosamente de volta na prateleira. – Cartago, por sua vez, confiava tanto em sua superioridade naval que simplesmente continuou usando as mesmas táticas, acreditando que sua posição estava garantida... e, por algum tempo, ela de fato esteve. Contudo, na Segunda Guerra Púnica, a situação começou a mudar quando os romanos perceberam que continuar fazendo a mesma coisa seria inútil. Eles então mudaram a estratégia, evitando confrontos diretos com Aníbal e optando por desgastar o inimigo aos poucos.

Mesmo sob as mesmas condições, mudaram o comportamento, e o resultado foi completamente diferente. Ao passo que Cartago, permanecendo com o mesmo comportamento de antes, não aprendeu nada.

– Ok, você me pegou nessa, eu admito. – Lídia revirou os olhos. – Você me contou isso por causa do que falei sobre meu "berço de ouro".

– Ter nascido em uma posição privilegiada, como Cartago nos mares, não é garantia de sucesso – falou o homem, segurando gentilmente os ombros da filha. – Permanecer na posição de poder que você herdou, repetindo o mesmo comportamento, ou seja, sem aprendizado ou mudança, leva à estagnação e, muitas vezes, ao fracasso. Mas se você, como Roma, aprender a se adaptar, a mudar quando necessário, aí, sim, terá uma verdadeira chance de vencer. Ou seja...

– O que realmente importa é o que fazemos com as oportunidades que recebemos, e não apenas a vantagem com que começamos, tá, eu entendi, pai – falou Lídia, esboçando um meio-sorriso.

– E já que estamos falando sobre ganhar coisas... – disse o homem, caminhando de volta até sua mesa de trabalho. Ele então removeu o pano vermelho da superfície, revelando o embrulho de presente escondido ali. – Feliz aniversário, filha.

– Obrigada – disse ela, aceitando o pacote e desfazendo cuidadosamente o laço branco que o embalava.

Tratava-se de um artefato fascinante e evidentemente antigo. *Extremamente* antigo, Lídia apostou. Com o formato e o tamanho próximos aos de um prato de sobremesa, o objeto exibia dúzias de símbolos cuneiformes meticulosamente entalhados em sua delicada superfície de argila – hoje endurecida, outrora maleável e moldada pelas mãos habilidosas de um dedicado artesão do passado.

– Esta é a "Tábua do Eclipse de Anu", ou simplesmente "Tábua do Tempo", como eu prefiro chamar – falou o homem, visivelmente ansioso pela reação da filha. – É *suméria*, provavelmente feita há mais de três mil anos.

PERMANECER NA POSIÇÃO DE PODER QUE VOCÊ HERDOU, REPETINDO O MESMO COMPORTAMENTO, OU SEJA, SEM APRENDIZADO OU MUDANÇA, **LEVA À ESTAGNAÇÃO** E, MUITAS VEZES, AO FRACASSO.

– THIAGO NIGRO

– De James Bond a Indiana Jones na mesma noite – Lídia brincou, examinando a relíquia com insegurança. – Eu não deveria estar usando luvas para segurar isso?

– Basta tomarmos cuidado, o colecionador de quem eu a adquiri me assegurou que ela é mais resistente do que parece – falou o pai, girando a Tábua do Tempo nas mãos de Lídia para mostrar todos os detalhes. – Você sabia que os astrônomos e matemáticos da Mesopotâmia foram os primeiros da história a dividir sistematicamente a passagem do tempo? O mesmo sistema sexagesimal que nós usamos até hoje. Eles compreendiam a importância do tempo como nenhuma outra civilização da época...

– Quando você me disse que era possível comprar o tempo, eu não achei que estava falando *literalmente* – brincou a menina.

Seu pai sorriu.

– Você já ouviu aquele ditado árabe que diz que "Quem planta tâmaras não colhe tâmaras"? – perguntou ele. Lídia negou com a cabeça. – Então, eles diziam isso porque antigamente as tamareiras levavam quase cem anos para dar os primeiros frutos...

Ou seja, quando alguém comprava uma tâmara naquela época, estava essencialmente comprando o tempo de todas as pessoas que haviam cuidado daquela árvore, do plantar da semente ao colher do fruto.

– Ah, agora eu entendi, tem bombons com tâmaras escondidas aqui dentro – Lídia o provocou, examinando o verso da relíquia.

– Mas... você entende o que eu estou tentando te mostrar? – disse ele. – Existem várias formas de se comprar o tempo, é claro; esse é só um exemplo.

Lídia inspirou fundo.

– Pai, por que... Por que estamos falando sobre isso? – perguntou ela, esfregando os olhos. – Por que estamos falando sobre tâmaras e sobre os sumérios? Por que você me deu essa coisa?

Foi a vez dele de inspirar fundo. Pensativo, sentou-se na cadeira e passou a mão sobre a caixa com as medalhas de guerra.

– Sabe, quando você era criança, costumava entrar por aquela porta ali e me perguntar sobre cada uma dessas peças que eu trazia das minhas viagens – disse ele, girando no assento para admirar a decoração do escritório. – E, olha, o seu rosto se iluminava quando eu te contava sobre a serpente do mundo dos vikings, ou sobre como os egípcios conservavam os mortos... Às vezes você saía daqui bem assustada e a sua mãe brigava comigo porque sabia que você não ia conseguir dormir à noite... – O homem sorriu, parecendo se perder na memória por um instante. – Mas eu... Eu confesso que algumas dessas vezes em que a pequena Lídia entrou por aquela porta e eu estava no meio de alguma reunião, ou terminando de ler algum contrato, algumas dessas vezes eu pedi que ela não me atrapalhasse porque o pai dela estava ocupado... Bom, o tempo passou e um dia eu percebi que você havia crescido e tinha simplesmente parado de vir. Para o seu aniversário de vinte anos, achei que um presente, um... símbolo que representasse a importância do tempo, fosse pertinente.

O tempo, apesar de comprável, é inestimável, ironicamente. E nós só percebemos isso quando o perdemos.

Sem saber o que dizer, Lídia encarou uma das máscaras japonesas na parede; o rosto diabólico, outrora uma fonte de horror para seus inimigos, agora parecia zombar da menina com seu sorriso retorcido.

Aproveitando o silêncio, o pai emendou:

– Eu sei que às vezes parece que eu não entendo o seu mundo, mas eu quero que você saiba que eu vejo valor nele – disse ele, escolhendo cuidadosamente as palavras. – Mais do que isso, eu vejo o seu valor. Mas também me preocupo com o seu futuro, e como você vai se sustentar com essa sua paixão.

– "Paixão" – repetiu ela, rancorosa. – Esse é o problema, está vendo? Você não vê a minha escolha de carreira como algo sério.

– Não é isso, é que... A vida tem suas marés, e eu só queria compartilhar algumas ferramentas com você... Ferramentas que podem te ajudar a navegar por esses altos e baixos sem que você perca sua essência.

– Ah... aí está – reagiu a jovem.

– Aí está o quê?

– O motivo real por trás *disso*. – Lídia balançou a Tábua do Tempo nas mãos. – Essa coisa foi só uma desculpa pra você, mais uma vez, tentar me transformar em algo que eu não sou. É igualzinho a quando você me deu esse relógio antigo, meu Deus... – A jovem ergueu o punho de forma desdenhosa. – Você se lembra do escândalo que foi na internet quando descobriram quanto ele custou? "Milionário compra relógio de colecionador por valor exorbitante." Sinceramente, eu nem sei por que decidi usá-lo hoje...

– Esse relógio tem uma alma, Lídia. Ele já viu o mundo mudar tantas vezes, mas continua marcando o tempo, é constante e confiável. Se você me deixasse contar a história dele...

– Todas as velharias que você compra têm uma história, pai – Lídia o cortou. – E esse é justamente o problema, olhe ao redor, a sua atenção parece estar em todos os lugares, todas as épocas, menos no presente... Não, escuta, eu não quero me transformar em... em uma *prisioneira* do dinheiro, como você.

– Prisioneira? – retrucou ele. – Filha, você já está numa prisão quando não percebe que a única forma de não ser escravo do dinheiro é aprendendo a se tornar o seu mestre.

A jovem encarou a Tábua do Tempo. Os símbolos cuneiformes, inscritos com a precisão de um artista talentoso, pareciam narrar mitos, leis e orações que transcendiam os séculos; registros de uma língua ancestral que ela imaginou estar morta fazia tempos.

– Sabe o que eu encontrei em várias das vezes que vim até esse escritório quando era criança? – perguntou ela. – Uma cadeira vazia. Se o dinheiro te deu alguma liberdade, foi a de libertá-lo da família.

E, ao dizer a frase, Lídia entregou a Tábua do Tempo nas mãos do pai. Contudo, o homem falhou em segurá-la com firmeza antes que a filha o soltasse, e o artefato foi ao chão, partindo-se em dois.

Lídia cobriu a boca, abafando o próprio grito.

– M-me desculpa, eu... – balbuciou ela. – Eu não queria que isso... Pai, me desculpe.

Calado, o pai se agachou sobre o presente quebrado.

Lídia deixou às pressas o aposento, o coração martelando a culpa em seu peito. Ela perambulou sem rumo pelos corredores da mansão, um labirinto familiar que parecia refletir o seu estado de espírito.

Arrependida, decidiu retornar ao escritório.

– Pai...? – falou ela, abrindo a porta do aposento.

O homem não se encontrava mais ali, a cadeira de couro vazia marcando ainda mais a sua ausência fantasmagórica.

Lídia se aproximou da mesa, o olhar desconcertado percorrendo os papéis e objetos espalhados sobre ela. A Tábua do Tempo também não estava em lugar algum. Vasculhou ao redor, a urgência de reparar o dano feito maltratando sua consciência.

– Pai? – ela o chamou novamente, espiando de volta para o corredor.

Madrugada adentro, a mansão, ainda adornada com os resquícios da festa de aniversário, era agora o cenário de uma investigação. Os policiais haviam chegado rapidamente, com suas perguntas precisas e o olhar experiente sobre cada funcionário contratado para o evento, assim como sobre os empregados da residência. Sentada na cadeira do pai, Lídia, de mãos trêmulas, segurava o telefone na esperança de que um milagre da tecnologia permitisse que sua mãe a atendesse de dentro do avião. "Esta ligação não pode ser completada", repetia a voz automatizada do outro lado da linha.

– … Dona Lídia? – chamou uma voz feminina, puxando a jovem do torpor. A policial, uma mulher de meia-idade com mechas de cabelo que mais pareciam fios de prata, tinha no tom da voz o cuidado de alguém que convivia com a dor humana fazia tempos. – Dona Lídia, eu estava dizendo que acho que já falamos com todos aqui. Entraremos em contato assim que tivermos algum progresso, está bem?

– E-está bem – respondeu a jovem, pousando o celular sobre a mesa.

– Homens poderosos tendem a colecionar desafetos ao longo da carreira – falou o parceiro da oficial de cabelos prateados. Alto, magro e de postura austera em seu uniforme impecável, o sujeito deslizava os dedos pelos fios vermelhos de um elmo romano. – É possível que algum inimigo do seu pai tenha feito mal a ele?

– E-eu não sei – reagiu Lídia. – Meu pai sempre diz que quem está focado em vencer na vida não negocia com opinião alheia… mas não sei se isso lhe rendeu "inimigos" a esse ponto.

– Entendo. – O homem se voltou para a jovem. Seus olhos eram de um negro profundo, pedras de carvão em um rosto pálido como o mármore. – E qual foi a última coisa que você disse ao seu pai antes de ele desaparecer?

– Eu… eu não me lembro – Lídia mentiu.

Com um gesto sutil, a policial de cabelos prateados sinalizou para que o parceiro a aguardasse na viatura. Retorcendo os lábios finos em um sorriso falso, ele se despediu com um aceno e saiu pela porta, deixando as duas mulheres sozinhas no escritório.

– É uma decoração que a gente não vê em qualquer lugar – falou a policial. – Você sabe a história de cada uma dessas peças?

– Não… – respondeu Lídia, mudando de ideia em seguida. – Tipo, algumas eu sei.

– Que tal essa aqui? – Apontou a mulher. Reclinada em uma armação de madeira escurecida, a antiga espada japonesa era uma presença de destaque no aposento, o aço da lâmina brilhando com o testemunho silencioso dos mestres que a tinham forjado.

– Essa aí foi um presente do tio Saito para o meu pai, é uma espada samurai do século 12 ou 13, não lembro direito – disse a jovem, hesitante.

– Como se chama essa parte aqui, com o desenho? – A policial apontou para o par de dragões entrelaçados na guarda da *katana*.

Enxugando os olhos, Lídia se levantou da cadeira.

– Essa parte se chama *tsuba*, e os dragões foram esculpidos em ouro e prata – explicou a jovem, caminhando até a mulher. – Isso não servia só para proteger a mão do samurai, mas também era um lugar para a expressão artística do ferreiro. Sempre foi minha parte favorita.

– Essa é a ironia daqueles que trabalham como *guardiões*, não é? – falou a policial de cabelos de prata. – Eles costumam dominar tanto a arte da criação quanto a da destruição.

– Acho que sim. – Lídia deu de ombros.

– Escute, nós vamos encontrar seu pai, ok? – falou a policial. Sua voz gentil era um bálsamo na alma ferida da aniversariante.

Com um aceno de cabeça e um sorriso que pareceu iluminar o ambiente melancólico, a policial de cabelos prateados se despediu de Lídia, deixando-a sozinha com a própria consciência.

Voltando a se acomodar na cadeira do escritório, a jovem aniversariante deixou-se afundar no couro macio, a mente insistindo em revisitar os últimos momentos com o pai.

Foi então que seus pés tocaram algo incomum sob a mesa.

Intrigada, ela se ajoelhou, a saia do vestido caro se espalhando ao seu redor. Ali, escondida nas sombras do móvel, estava uma das duas metades da Tábua do Tempo quebrada.

Ela pegou o artefato, sentindo a superfície fria da argila ancestral. Um presente tão partido quanto a comunicação entre ela e o pai.

De súbito, a relíquia se acendeu como uma estrela, um espetáculo de luz esmeralda pintando o aposento inteiro. Cega pela intensidade do brilho, Lídia fechou os olhos e virou o rosto, com um grito.

CAPÍTULO 2

MINHA FILHA

20 DE MARÇO

Minha filha,

Hoje você completa vinte anos. Vinte anos, meu Deus! Parece que foi ontem que a vi chegar ao mundo, pequenina, assustada, (melada!) e tão cheia de potencial, como todas as crianças. Eu e sua mãe prometemos que lhe daríamos todas as oportunidades. Me aponte quais pais não fazem essa promessa, não é?

Foi sua mãe, inclusive, que me convenceu a começar a escrever este diário. Eu perguntei a ela se eu poderia fingir que estava escrevendo para você, e o rosto dela pareceu se iluminar. Vocês, mulheres, sabem construir pontes muito melhor do que nós, homens. Talvez ela esteja certa. Talvez você leia estas palavras algum dia, e então finalmente entenda o que se passa no coração do seu velho pai. E nesse dia eu talvez não precise mais que a sua mãe me traduza os seus silêncios.

Você, filha, com os seus traços criativos e pincéis, busca desenhar o próprio destino. Desde pequena você sonhava em cores vibrantes, enquanto eu já media o mundo em riscos e somas. Pode um homem acostumado a certezas aprender a valorizar o abstrato da juventude?

Sua mãe acha que sim. Ela sempre soube. Ela conhece as suas cores.

Eu? Eu aprendi e me treinei para evitar e administrar a incerteza. Queria que você enxergasse a beleza dessa minha "arte" e entendesse a segurança que ela pode oferecer.

Quero que você saiba que eu a vejo como uma mulher. Sei que você acha que eu demorei a vê-la assim, mas acho que todo pai é vítima desse atraso. Sim, hoje você é uma mulher, com sonhos que parecem voar em uma direção muito diferente da que eu havia planejado.

O problema é que muita coisa acontece enquanto estamos planejando, não é?

Acho que foi um dos Beatles que disse que a vida é o que acontece enquanto estamos ocupados fazendo planos. Foi o Lennon ou o Paul? Não tenho certeza, mas, quem quer que tenha dito, tinha toda a razão. Acredite, eu reconheço o paradoxo nisso tudo: no esforço em proporcionar uma vida sem carências para você, eu ocasionalmente estive ausente, me privando – e você e sua mãe – do mais valioso dos nossos bens: o tempo.

O tempo para estar com vocês, para vê-la crescer e te conhecer verdadeiramente. Nessa minha ausência, foi a sua mãe que se tornou a espectadora entusiasta dos teus sonhos.

Eu não sou nenhum Beatle, mas gosto de pensar que também sei alguma coisa sobre o tempo. E sei que um dos seus filhos, o futuro, não escuta o curto prazo. Eu aprendi que a única linguagem que se comunica com esse futuro é a lei da semeadura - um conceito tão antigo quanto os princípios fundadores do mundo, tão real quanto o ar invisível que respiramos todos os dias.

A ironia da lei da semeadura é que a fruta precisa "morrer" para que a semente exista. É necessário que um figo despenque do galho e se espatife para que a semente encontre o solo. É essencial que um pássaro a devore e leve as sementes para outro campo. É assim que funciona com o nosso esforço, não é? Todo ganho exige consequências: dor ou, muitas vezes, um grande sacrifício. A lógica é a mesma com bens materiais.

"Dinheiro não dá em árvore", dizem. Mas é curioso como a lógica que rege o dinheiro é semelhante à que rege o fruto da árvore. Assim como nenhum fruto vem à existência sem que antes haja uma semente plantada, nenhum dinheiro vem à existência sem que antes haja um cultivo por ele. Moedas esquecidas em gavetas não se multiplicam, porém todas aquelas que forem usadas para "semear" novas moedas terão resultados que deixariam até as árvores mais frutíferas com inveja.

MOEDAS ESQUECIDAS EM GAVETAS NÃO SE MULTIPLICAM, PORÉM TODAS AQUELAS QUE FOREM USADAS PARA **"SEMEAR" NOVAS MOEDAS TERÃO RESULTADOS** QUE DEIXARIAM ATÉ AS ÁRVORES MAIS FRUTÍFERAS COM INVEJA.

– THIAGO NIGRO

Infelizmente, a humanidade desvirtuou a própria visão sobre o dinheiro. Hoje, as pessoas sonham com o fruto – e ignoram a existência do plantio. Elas gastam todo o seu dinheiro sem pensar no futuro, e depois reclamam do azar (ou pior, culpam os outros) pela falta de novos "frutos". É necessário quebrar esse ciclo. Experimente investir, ou seja, enterrar suas sementes em solo fértil, e você verá um resultado tão frondoso quanto o que uma única semente de figo é capaz de realizar.

Gloriosas são as histórias daqueles que vieram antes de nós, guardando suas moedas no ambiente certo, onde alguém poderia usar esse recurso para o proveito de um projeto que traria lucros, usando parte deles para devolver um punhado maior do que a porção inicial. Esse é o "solo fértil" do bem material: todo e qualquer lugar na intersecção entre aqueles que têm mais do que precisam e aqueles que têm mais ideias do que dinheiro. A lei da semeadura se comunica com o futuro, pois, antes de o fruto estar, ele já é – dentro daquela pequena semente, que também poderia ser chamada de árvore, ainda em desenvolvimento.

Filha, eu gostaria que você desenvolvesse uma habilidade que eu, seu pai, desenvolvi: a de olhar para uma semente e enxergar esse fruto. Eu chamo esse olhar de "clarividência do semeador". Aqueles que não desenvolvem essa habilidade são incapazes de compreender o poder incalculável do tempo armazenado numa pequena semente; algo tão diminuto, porém com muito mais potencial do que aparenta.

Veja, se eu e você enterrarmos uma única semente de milho no solo, em três meses teremos duas espigas. Cada espiga dessas contém quase quinhentas sementes. Ao fazermos a mesma coisa de novo, boa parte das sementes germinará e dará novos frutos. Na terceira vez, nós teríamos 640 mil sementes germinando, em apenas nove meses (e isso tudo começou com uma sementinha!).

Mas nunca devemos nos esquecer de que aquela primeira semente já continha em seu interior essas outras 640 mil. Bastou apenas um solo fértil; e esse solo fértil, filha, é a nossa imaginação.

Gosto de fazer metáforas assim, pois creio que o caminho para a prosperidade está no desvendar dessas "equações da vida". Ocasionalmente me sinto como aquele meme em que a atriz está com o rosto preocupado, enxergando equações flutuando ao seu redor; quando estou em um restaurante com você e sua mãe, muitas vezes imagino escrito acima dos garçons: "trabalho = força x distância", cada movimento e palavra que eles dizem sendo forças aplicadas para realizar suas tarefas.

Horas de vida trocadas por dinheiro.

Agora, se pensarmos no trabalho como sendo o resultado das nossas ações, essa equação muda. O resultado é, então, o produto do volume pelo tempo que dedicamos, multiplicado pela alavancagem que conseguimos. Vou usar novamente o milho como exemplo:

Digamos que um vendedor de milho faça 30 vendas por dia na praia, com um lucro de R$ 4 por milho. Isso dá

R$ 120 por dia. Trabalhando 22 dias por mês, ele chegará a R$ 2.640. Como ele só trabalha 4 horas por dia, cada uma dessas horas vale R$ 30. Agora, o interessante é que, para ganhar mais, ele não precisa trabalhar mais tempo, mas sim aumentar a sua alavancagem, ou seja, se ele convencer seus clientes a comprarem dois milhos em vez de um, oferecendo um desconto no segundo, e se metade deles aceitar a oferta, ele acaba de aumentar o seu resultado de R$ 2.640 para R$ 3.300 no mês! Veja que ele não aumentou o volume de vendas, apenas usou a alavancagem para melhorar o resultado.

Agora, imagine se esse vendedor contratar alguém para fazer o mesmo trabalho que ele. Se ele treinar essa pessoa e ficar com metade do lucro, ele adiciona R$ 1.550 ao seu rendimento mensal, sem precisar ele próprio trabalhar mais. Dessa forma, ele terá multiplicado o resultado de cada hora trabalhada, simplesmente ao aumentar a alavancagem.

Não se trata apenas de esforço ou tempo gasto, mas de como usamos nossas habilidades e recursos para gerar um resultado maior.

Bom, espero conseguir abrir esse diálogo com você a partir do presente que estou planejando lhe dar depois da sua grande festa – uma maneira de me reconectar com o coração da minha filha antes que o tempo nos distancie ainda mais. Você verá que é um presente de aniversário peculiar, eu sei, mas torço para que você o enxergue como uma metáfora sobre planejar a vida com sabedoria. Assim como na sua arte, o tempo é o quadro onde pintamos a nossa história, e eu quero ajudá-la a ver que, embora não possamos controlá-lo, podemos aprender a entrelaçar os nossos sonhos nele com prudência e previdência.

Veja só, quem diria que o seu velho pai arriscaria um pouco de poesia aqui, não é? Sua mãe tinha razão, isso me fez bem. Preciso ligar para ela, inclusive, e descobrir quando ela e sua avó chegarão – a nevasca já deve ter passado a esta hora, os voos devem ter sido liberados.

CAPÍTULO 3

O CORVO QUE NÃO SABIA PLANTAR

Paralisada de medo e mantendo os olhos fechados, Lídia sentiu um drástico aumento de temperatura ao seu redor, como se alguém tivesse subitamente escancarado as janelas do escritório do pai durante a tarde mais desagradável do verão. Contudo, quando tomou coragem para espiar o que se passava, constatou que o brilho verde da Tábua do Tempo parecia ter sido substituído por uma intensa luz amarela, que a jovem logo descobriu ser nada mais do que o sol escaldante castigando sua pele.

Lídia não estava mais no escritório do pai.

Banhada pelo alvorecer dourado de um deserto, a praça à sua frente fervilhava de comerciantes desfraldando mercadorias sob toldos de tecidos vibrantes, suas barracas adornadas com bugigangas reluzentes e especiarias exóticas. Destacando-se em um horizonte surreal que a menina até hoje só havia vislumbrado em livros ilustrados ou filmes que a mãe adorava, uma enorme construção piramidal erguia-se imponente no coração empoeirado de uma cidade labiríntica e impossivelmente antiga, cercada por uma muralha vigiada por silhuetas austeras.

Lídia olhou ao redor, sua mente buscando algo familiar; tudo o que via, entretanto, eram as maravilhas de um cenário pulsando com a vida de um mundo esquecido.

Rios e canais trançavam a paisagem, alimentando a terra e trazendo vida para a metrópole murada. Carroças cobertas de palha e construídas com uma simplicidade funcional passavam ao lado da jovem, as rodas rangendo sob o peso de cargas desconhecidas. Pastores guiavam, com uma autoridade tranquila, rebanhos cujos cascos desgastados erguiam pequenas nuvens de poeira.

Meu celular, pensou ela, instintivamente tateando o corpo.

Foi quando notou que suas roupas haviam mudado.

No lugar do vestido elegante de festa, um corpete sem mangas agora lhe cobria o torso, o tecido vermelho adornado com cenas de natureza bordadas de forma meticulosa. Na saia de lã, camadas de franja e tufos desciam como uma cachoeira dourada pelos quadris da jovem assustada. Lídia passou a mão trêmula pelo pescoço, encontrando um belo colar de madeira. Sandálias de junco protegiam seus pés da terra cozida pelo sol. Até mesmo seu relógio *vintage* havia se transformado; em seu punho, agora repousava uma espécie de amuleto circular feito de bronze polido.

Então se lembrou de que havia deixado o aparelho celular sobre a mesa do pai.

– Paaaaai! – gritou Lídia, assustando alguns transeuntes. Atribulados com as próprias vidas, contudo, os poucos que lhe deram atenção voltaram a ignorá-la. – Não é possível, não pode ser, não...

– balbuciou ela, esforçando-se para não entrar em pânico. Tinha que haver uma explicação racional para aquilo.

Teria ela sido drogada e sequestrada pelas mesmas pessoas que haviam levado seu pai? Mas e quanto à luz fantasmagórica que a Tábua do Tempo emitira? Um efeito alucinógeno da droga que teoricamente a desacordara? E por que os supostos sequestradores a largariam ali, no meio daquela cidade estrangeira, vestindo roupas que a faziam se passar por uma local?

Não fazia sentido.

Inspirando fundo, Lídia deu o primeiro passo na direção do mercado da praça.

Acotovelando-se através do trânsito caótico de clientes, comerciantes e animais, a menina mergulhou em uma cacofonia de anúncios e ofertas exageradas, nas quais tecidos se comparavam a trajes divinos e incensos eram barganhados como se contivessem feitiços poderosos. Vozes entusiasmadas negociavam em alto brado, misturando-se com o gralhar de aves e o balir de ovelhas.

– Por favor, estou perdida, pode me ajudar? – perguntava ela. A maioria a ignorava. Alguns poucos ao menos lhe ofereciam a cortesia de um aceno negativo.

Lídia se aproximou de uma das maiores barracas do mercado, o balcão abarrotado de vasos de cerâmica colorida, de diferentes formatos, ornados com desenhos geométricos e figuras de cabras. Havia vasos altos e finos armazenando leite, e outros mais baixos, com bocas largas, destinados aos queijos e coalhadas. Amarradas às traves de madeira que sustentavam o toldo, peles de animais secavam ao sol e balançavam ao vento. Empilhados de forma caótica, sacos de linho guardavam grãos e cereais como se fossem tesouros desorganizados, prontos para serem descobertos. Contudo, apesar do tamanho e da variedade de itens, o estabelecimento não parecia atrair tantos clientes assim, para a frustração dos três ajudantes emburrados e de um homem barbudo de meia-idade, que Lídia apostou ser o proprietário.

– Leite fresco! Queijos e coalhadas! – anunciava ele, sua voz forte e bem treinada, porém carregada de mau humor.

– Olá, moço, você... – Lídia começou a falar.

– Ah, bom dia, bom dia, minha jovem! – o vendedor a saudou, o sorriso revelando as lacunas de dentes perdidos pelas agruras da vida local. Os cabelos cinzentos e a barba farta lhe emolduravam o rosto anguloso e esperançoso com a potencial cliente. – Meu nome é Arad, aproxime-se, temos o mais puro leite de cabra de toda Urim!

– Ah, o senhor fala a minha língua?! Graças a Deus! – exclamou Lídia, aliviada. – Por favor, pode me dizer onde eu estou?

Quando notou a metade da Tábua do Tempo nas mãos da jovem, contudo, o rosto de Arad instantaneamente endureceu.

– Você é outra espiã de Kubaba e Sira, não é? – disse ele, os olhos queimando de desconfiança. – Veio aqui para roubar mais ideias do meu negócio, é isso?

Lídia recuou um passo, pega de surpresa pela acusação.

– Espiã de quem? Não sei do que o senhor está falando! – respondeu ela.

Um casal de idosos se aproximou da tenda. O comerciante imediatamente direcionou a atenção para os novos clientes, tagarelando sobre suas mercadorias com um orgulho evidente.

– Por favor, moço, me diga que cidade é essa, eu preciso de ajuda – insistiu Lídia.

Enquanto o marido do casal discutia preços com Arad, a esposa, trajando um belo vestido azulado de aparência cara, se solidarizou com a jovem.

– Está perdida, criança? – perguntou ela.

Lídia levou alguns instantes para responder, surpresa por encontrar outra local que falasse tão bem o seu idioma.

– Ah, graças a Deus, você também consegue me entender! – falou a menina. – Sim, eu estou perdida. Por favor, onde eu estou? Que cidade é essa?

– Minha querida, acalme-se. – A senhora tocou o braço da estrangeira. – Você está na gloriosa cidade de Urim.

– Urim... – repetiu Lídia. – Mas... que país é esse? Espere, a senhora pode me emprestar o seu celular?

Antes que a mulher pudesse responder, o marido a puxou delicadamente para que continuassem a explorar o mercado. Vendo o casal se afastar, Arad se irritou:

– Não basta estarem roubando meus clientes usando magia, agora seus amigos te mandam aqui para espantar os poucos que consigo? – falou o vendedor.

– Moço, eu não sei do que você está falando – respondeu Lídia.

– Essa coisa aí na sua mão, aquele forasteiro com que Kubaba e Sira fizeram amizade carregava uma igualzinha com ele, eu me lembro muito bem! – falou o homem. – Não sei que tipo de amuleto mágico você tem aí, mas quero ele longe do meu negócio!

Lídia finalmente se deu conta de que o comerciante se referia à Tábua do Tempo que ela segurava.

– Espere, o senhor então viu um homem com a outra metade deste artefato?

– Vá, saia daqui, serpente! – exclamou Arad, gesticulando de forma ainda mais enérgica.

Lídia se afastou do homem raivoso e voltou a perambular pelo mercado.

– Você conhece Kubaba ou Sira? – ela passou a perguntar aos passantes. Não demorou para que um senhor finalmente apontasse para o fundo da praça, para onde ela seguiu. Lá, dentre os estabelecimentos colados à muralha, um em particular chamou sua atenção.

Pequena em tamanho, mas rica em caráter e popularidade, a tenda era gerenciada por um jovem casal cuja sinergia contagiava a fila invejável de clientes. A estrutura era montada sobre quatro estacas de madeira, onde uma cobertura de palha trançada oferecia sombra tanto aos vendedores quanto aos produtos. Prateleiras improvisadas suportavam o peso dos jarros recheados de leite fresco de cabra, selados com cuidado para preservar o conteúdo contra o calor e a poeira. Pilhas de queijo e potes de iogurte e manteiga descansavam sobre esteiras de junco, ordenadas com orgulho e desejadas com ansiedade pelos passantes. Ainda que consideravelmente modesto em comparação à barraca de Arad, o estabelecimento se encontrava abarrotado de fregueses.

– Com licença, vocês falam a minha língua? – Lídia abordou o comerciante. O rosto inocente e o bigode fino do homem fizeram com que ela se lembrasse de quando os meninos do colégio haviam começado a deixar crescer os pelos do rosto, com resultados nada glamorosos.

– Sim, falamos a sua língua, freguesa, aproxime-se – respondeu o rapaz, ajustando uma cobertura de palha para fazer sombra sobre a atendente ao lado; a mulher, que Lídia presumiu ser a sua companheira, atendia os clientes com um sorriso que parecia iluminar o mercado. Seu ventre arredondado anunciava uma nova vida crescendo ali.

– Ah, graças a Deus, eu... eu preciso de um *celular*, vocês podem me emprestar um? Por favor, é uma emergência – falou Lídia.

– Um... celu-o quê? – reagiu o homem.

– *Ce-lu-lar* – Lídia repetiu, separando as sílabas. – Eu não sei a palavra na sua língua, é... um *telefone*! – Ela levou uma das mãos à orelha.

O jovem comerciante simplesmente a encarou, desconcertado.

Então um pensamento surreal cruzou a mente de Lídia.

Ela olhou ao redor, procurando por carros, motos, ou ao menos o zumbido de motores; em vez disso, só o que avistava eram carroças puxadas por animais silenciosos. Tentou identificar acima das barracas do mercado o contorno familiar de prédios de concreto e vidro, mas encontrou apenas construções baixas de madeira e tijolos cozidos pelo sol. Homens de barbas longas e roupas de tecidos grossos caminhavam ao lado de mulheres com cabelos trançados e ornados com joias brilhantes.

Todos falavam a língua de Lídia. Nenhum celular ou laptop à vista.

– Olha, moço, esta vai ser uma pergunta estranha, mas... – Lídia começou a perguntar, seu coração batendo como o de um animal encurralado. – Em que ano estamos?

– Bom... – O rapaz de bigode fino pareceu intrigado. – Este é o décimo primeiro ano do reinado de Ur-Nammu.

– Não pode ser, não pode ser – murmurou a jovem, baixando o olhar para a Tábua do Tempo nas suas mãos; estaria naquele estranho objeto a explicação possível para aquela situação impossível?

Teria ela sido sequestrada não por homens, mas por forças ancestrais além de sua compreensão? Transportada não para um país estrangeiro, mas para outro período histórico?

E então outro pensamento impossível cruzou sua mente.

Receosa, Lídia levou as mãos ao rosto. A textura de sua pele parecia diferente, seu nariz estava mais alongado, e os olhos, amendoados.

A menina sentiu os joelhos perderem força. Notando sua fraqueza, o comerciante a amparou, direcionando-a para que se sentasse em uma das almofadas ao redor da tenda – uma hospitalidade destinada aos clientes que demorassem um pouco mais. Quando o homem lhe entregou uma cuia d'água, ela confirmou no reflexo que aquele rosto não era mais o seu.

Tremendo, Lídia sorveu um longo gole d'água. Quando se sentiu melhor e se preparou para agradecer ao rapaz, viu que ele encarava boquiaberto a Tábua do Tempo.

– Sira! – ele chamou a esposa. – Sira, veja!

– Inana nos abençoe – sussurrou a mulher grávida ao vislumbrar o artefato. Ela então se voltou aos clientes e avisou que ela e o marido fariam uma pequena pausa nas vendas, o que provocou um burburinho insatisfeito.

– Ah, então vocês são Kubaba e Sira! – falou Lídia. – Um outro comerciante me disse que vocês dois já viram um objeto como esse, é verdade? Olha, eu estou procurando o meu pai, ele deve estar com a outra metade desta coisa...

– Você é a filha dele, então – Kubaba disse. – Filha do homem que nos ensinou a comprar o tempo.

– O quê? E-eu...

Sira ajoelhou-se sobre as almofadas ao lado da menina. Seus longos cabelos negros cascateavam para além da túnica que lhe cobria parte da cabeça.

– Há alguns meses, um estrangeiro nos abordou aqui na nossa barraca – falou a gestante. – Ele parecia extremamente conturbado... *perdido*, como você está agora. No início, nada do que ele nos falava fazia sentido também, nos fez perguntas estranhas. Quando recuperou a compostura, finalmente nos contou que viera de terras distantes, muito além do mar, e que na estrada para esta cidade ele havia sido assaltado por ladrões, que levaram todos os seus pertences... com exceção da metade deste artefato que você tem aí...

– E ele nos disse, muito emocionado, que a outra metade havia ficado com a sua filha, *Lídia* – Kubaba apontou para a Tábua do Tempo. – É você, não é? Você veio procurá-lo?

– S-sim, o-onde ele está?! – perguntou a jovem, começando a soluçar. – Por favor, me digam!

– Ele ficou conosco por duas semanas, mas logo decidiu seguir viagem – revelou Sira.

– S-seguir viagem? Para onde? – indagou Lídia.

– Infelizmente não sabemos dizer – a mulher grávida respondeu, olhando em seguida para o marido. Ele pareceu entender a mensagem da companheira e logo emendou:

– Escute, Lídia, por que você não fica hospedada conosco? – sugeriu Kubaba. – Pode ser que seu pai retorne, e, quando o fizer, você estará entre amigos. É o mínimo que podemos oferecer depois de tudo que ele fez por nós.

– Como assim "o que ele fez por vocês"? – indagou Lídia, enxugando as lágrimas.

Kubaba e a esposa se entreolharam.

– Bom... basta olhar em volta. – O comerciante abriu um sorriso.

O sol se despedia no horizonte, tingindo o céu de tons de rosa que se refletiam nos canais que cortavam a metrópole de Urim. À medida que Lídia, Kubaba e Sira se afastavam do centro vibrante do mercado, as ruas tornavam-se menos movimentadas, o barulho das negociações dando lugar aos burburinhos suaves do cotidiano. O jovem e sua esposa grávida guiaram a menina por ruas entrelaçadas, cada esquina revelando mais do dia a dia daquela antiga sociedade. Passaram por crianças brincando com bonecos de pano, mulheres conversando e tricotando à entrada dos lares. Homens retornavam dos campos, ou mesmo da cidade, suas ferramentas apoiadas nos ombros cansados. Aos poucos, a paisagem urbana gradualmente cedeu à rural, onde cada casa parecia ter seu próprio pedaço de terra, onde o gado ruminava sob o olhar atento dos pastores.

A humilde propriedade de Kubaba e Sira era demarcada por uma cerca de madeira, guardando um par de cabras e uma horta bem cuidada com fileiras de ervas e vegetais. Construída com tijolos de barro e um telhado de palha, a casa era um refúgio de paz e simplicidade, decorada com vasos de flores e ervas que perfumavam o ambiente acolhedor.

O casal preparou um jantar modesto para a hóspede. Sentados nas almofadas espalhadas ao redor de uma mesa baixa de madeira, os três partilharam a refeição sob a luz das lâmpadas de óleo. Apreciando o aroma do queijo fresco se misturando ao do pão assado sobre as brasas do fogão, Lídia sentiu uma onda de gratidão pela hospitalidade.

– Você tem os olhos do seu pai – falou Sira, servindo um copo d'água para a convidada.

– Acho que é a única coisa em que somos parecidos – brincou Lídia, cortando um generoso pedaço de queijo.

– Eu não diria isso – a mulher falou. – Vocês compartilham o mesmo brilho no olhar... Como se tivessem vislumbrado o outro lado do mundo e não tivessem palavras para descrevê-lo.

– A gravidez deixa minha esposa muito inspirada, como pode perceber – falou Kubaba.

– Muito obrigada por me abrigarem, eu não sei o que faria sem a ajuda de vocês – falou Lídia.

– É como eu disse no mercado, é o mínimo que podemos fazer depois de tudo que o seu pai fez pela nossa família... pelo nosso negócio. – Kubaba sorriu para a esposa.

– Pelo seu *negócio*? – Lídia franziu a testa. – Espera, o meu pai não entende absolutamente nada de cabras, como ele poderia ter ajudado vocês?

– Deixe-me contar nossa história, Lídia, como a contamos ao seu pai nesta mesma mesa de jantar, e assim vai compreender o que quero dizer – falou Kubaba, encontrando no olhar intrigado da menina a confirmação de que poderia prosseguir. – Nós chegamos aos portões de Urim há três anos, deixando para trás a nossa pequena aldeia em busca de uma vida melhor. Sira logo foi contratada como ajudante de cozinha durante o dia, enquanto eu consegui trabalho cuidando das cabras de um velho fazendeiro viúvo. Ele já estava com idade e não tinha filhos, portanto a minha ajuda e honestidade logo fortaleceram os laços da nossa confiança, e não demorou para que ele me contratasse para ajudá-lo a vender o leite de suas cabras, naquela mesma barraca onde você nos encontrou. A concorrência era ferrenha, especialmente contra a enorme barraca de Arad, que havia anos dominava o mercado. Porém o que tirávamos para nós era o bastante para sobreviver.

– No entanto, quando os deuses nos abençoaram – falou Sira, acariciando a barriga avantajada –, nos demos conta de que, quando a criança nascesse, eu teria que parar de trabalhar para ficar em casa cuidando dela... E nós não seríamos capazes de nos sustentar somente com o que Kubaba ganhava no mercado. Meu marido chegou a pedir um aumento ao fazendeiro, mas o homem alegou que seria inviável.

– "Meus jovens amigos, prestem atenção, pois o que vou lhes dizer é uma semente de prosperidade. Se plantarem essa semente em seus corações, em breve colherão seus frutos" – falou Kubaba, imitando a voz do pai de Lídia. – "Veja, para vocês garantirem o futuro da sua pequena família e de suas próximas gerações, vocês precisam deixar de ser como o *corvo.*" Eu e Sira nos entreolhamos, é claro, e seu pai logo esclareceu: "O corvo é um escravo da plantação dos outros", disse ele. "O corvo sobrevive dia após dia somente com a esperança de que sempre haverá vegetais à sua espera no campo dos outros... Mas e quando não tiver? O problema é que vocês têm plantado sementes na plantação de outros, enquanto comem suas próprias sementes, criando um ciclo de dependência dos frutos dos outros.

Para ganhar mais dinheiro, será necessário quebrar essa lógica, e começar a plantar as sementes que vocês recebem. Vocês precisam agir como fazendeiros."

– Eu disse ao seu pai que eu e meu marido não tínhamos dinheiro para comprar uma fazenda, é claro – explicou Sira. – Seu pai então esclareceu, dizendo: "Mas vocês têm acesso a uma matéria-prima riquíssima, *leite*, e alguém experiente na cozinha. Digam ao fazendeiro que vocês transformarão um pouco desse leite de cabra em queijo, coalhada e manteiga, e então o venderão no mercado por cinco vezes o valor do leite comum, pois trata-se de um material de maior valor agregado e com menos concorrência. Dessa forma, além do salário que Kubaba já recebe hoje, ele pedirá ao fazendeiro um quinto do resultado da venda desses novos produtos derivados".

– Foi nesse momento que alertei seu pai sobre a tenda de Arad, outro vendedor de derivados do leite – falou Kubaba. – "Arad chegou no mercado há pouco tempo, determinado a engolir a concorrência com uma tenda enorme em um ponto melhor do que o nosso. Não podemos concorrer contra ele", eu disse.

– Eu tive o desprazer de conhecê-lo assim que cheguei no mercado, e ele provavelmente diria o mesmo – falou Lídia. – Esse Arad achou que eu fosse uma espiã de vocês, que a metade do artefato que eu e meu pai carregamos fosse algum tipo de amuleto que estivesse dando alguma vantagem ao negócio de vocês.

Kubaba e Sira se entreolharam, rindo.

– Seu pai não nos ensinou a espionar, muito menos a usar magia – disse a mulher grávida. – O que ele fez foi nos ensinar a diferença entre trabalhar muito, como Arad definitivamente faz, e trabalhar de forma *inteligente*.

– "A maioria dos novos empreendedores tenta crescer rápido, abraçar o mundo de uma vez só" – falou Kubaba, imitando o pai de Lídia. – "O que vocês devem fazer é focar um único aspecto no início: a qualidade do seu produto e do seu serviço."

– E assim nós fizemos, transformando o leite em queijo, coalhada e manteiga à noite, após nossas obrigações diurnas, pois, como bem nos disse o seu pai, "O seu ofício constrói sua garantia. O que você faz após ele constrói a sua fortuna" – falou Sira. – Com o passar do tempo, juntamos o bastante para arrendarmos este pequeno terreno e comprarmos as nossas próprias cabras. Eu então parei de trabalhar como ajudante de cozinha na cidade para me dedicar inteiramente ao nosso negócio em crescimento. Vendo que muito em breve nós iríamos querer abrir nossa própria barraca e nos tornar seus concorrentes, o fazendeiro nos estendeu a mão, não mais como um patrão, mas como um parceiro. Gratos pelas oportunidades que ele nos ofereceu, aceitamos a sociedade.

– Nos dias em que esteve conosco, seu pai sabiamente nos explicou que os ricos são ricos porque compram o tempo dos outros, enquanto os pobres vendem o próprio tempo – falou Kubaba.

– Antes, quando o velho fazendeiro nos pagava para vendermos o leite de suas cabras no mercado, o que ele estava realmente fazendo era comprando o nosso tempo para que ele não precisasse estar pessoalmente lá na tenda.

– Para que ele pudesse descansar na sombra enquanto vocês trabalham duro – debochou Lídia.

– Foi justamente o que eu disse ao seu pai! – falou Kubaba, divertindo-se com a coincidência. – Mas ele logo retrucou que quem faz isso está enganando a si mesmo com sua insensatez, já que está comprando o tempo de alguém e desperdiçando na mesma medida. Pessoas assim são piores do que os corvos, pois pensam agir como fazendeiros quando, no fundo, sua mentalidade ainda é de corvo. Descansar é necessário, mas a verdadeira riqueza vem com o tempo. E comprar tempo é a forma mais inteligente de acelerar esse processo, desde que você invista não só o tempo comprado, mas aquele que é economizado também. Nós fizemos isso, e o resultado foi extraordinário. Você mesma testemunhou, Lídia, não concorda que a nossa tenda se destaca no mercado como um lírio em meio ao deserto?

– Sim, por um momento achei que o McDonald's tinha anunciado o primeiro *McMesopotâmia* da história – brincou a jovem. Quando o casal se entreolhou, obviamente confuso, ela corrigiu com um sorriso amarelo. – Ah... é só uma expressão de onde eu venho. Mas, *sim*, a quantidade de clientes de vocês era impressionante!

– Impressionante, de fato. – Kubaba acariciou o rosto da esposa. – Seu pai nos provou que a prosperidade não é apenas sobre trabalhar duro, mas sobre trabalhar de forma *inteligente*. É sobre saber quando a sua presença é necessária e quando você pode delegar tarefas para se concentrar em fazer o seu negócio crescer de outras maneiras.

– Em breve, estou certa de que eu e meu marido seremos capazes de comprar o tempo de outras pessoas – Sira completou. – E, no futuro, nossa criança e netos desfrutarão do tempo que nós compramos para eles, e, espero, também usarão esse tempo com sabedoria.

– Eu só queria que seu pai tivesse ficado conosco um pouco mais, para poder ver com os próprios olhos os frutos dos ensinamentos que ele plantou nesta pequena família – falou Kubaba, melancólico. – Certa noite, após o jantar, eu e Sira fomos nos deitar, pensativos, e o deixamos a escrever em um pequeno diário que ele tinha consigo. Quando despertamos no dia seguinte, nosso hóspede misterioso havia lamentavelmente partido.

– Mas não se preocupe. – Sira segurou a mão de Lídia. – Estou certa de que ele retornará à sua procura. Até lá, você será nossa convidada de honra.

PROSPERIDADE NÃO É APENAS SOBRE TRABALHAR DURO, MAS SOBRE **TRABALHAR DE FORMA INTELIGENTE.** É SOBRE SABER QUANDO A SUA PRESENÇA É NECESSÁRIA E QUANDO VOCÊ PODE DELEGAR TAREFAS PARA SE CONCENTRAR EM FAZER O SEU NEGÓCIO CRESCER DE OUTRAS MANEIRAS.

– THIAGO NIGRO

Ainda que tocada pela generosidade inesperada dos anfitriões, Lídia teve um sono inquieto aquela noite. Sonhou que via o pai trabalhando sozinho no escritório, enquanto ela gritava seu nome do lado de fora da janela. Ele não ouvia a filha. Talvez a ignorasse. Suada, ela despertou antes do nascer do sol, agarrada à sua metade da Tábua do Tempo como uma criança ao travesseiro.

Naquela lógica do impossível, seu pai e a outra metade do artefato estariam em algum lugar daquele novo mundo.

Tinham que estar.

No dia seguinte, Kubaba disse que perguntaria aos colegas se alguém vira um homem em posse da outra metade daquela relíquia. O mercado de Urim era um terreno fértil de estrangeiros e colecionadores de raridades – certamente a descrição de algo tão único chamaria a atenção de alguém que pudesse oferecer alguma pista sobre o paradeiro do pai da menina.

Nas semanas que se seguiram, Lídia se prontificou a ajudar nos afazeres domésticos junto ao casal, enfrentando os desafios de uma vida sem as comodidades do futuro que agora se encontrava tão distante. Ordenhar as cabras ao amanhecer, moer grãos para fazer pão, aprender a tecer para reparar as próprias vestes; cada tarefa era uma lição de resiliência e simplicidade, moldando o cotidiano árduo de uma civilização que existira cerca de quatro mil anos antes da invenção do celular de que a jovem tanto sentia falta.

Lídia também se colocou à disposição de Sira e Kubaba no mercado. Posando como uma prima distante, a menina acompanhou o jovem casal seguindo à risca os conselhos que seu pai lhes havia dado, aos poucos fazendo o modesto empreendimento ganhar vida de uma forma que ele nunca poderia imaginar.

– Na natureza, tudo que é grandioso nasceu de algo pequenino – disse um dia Kubaba enquanto ajudava Lídia a organizar um cesto de queijos frescos. – Como uma semente que precisa se ajustar ao terreno, nós também precisamos ajustar o nosso negócio ao mercado, dia após dia. Não podemos nos apressar.

Em vez de tentar fazer tudo ao mesmo tempo e competir em todas as frentes em que seu concorrente, Arad, já tinha vantagem, os pequenos empreendedores focavam construir uma base sólida para o negócio, com calma, dedicando-se a cada etapa do processo de qualidade com empenho absoluto. Eles ocasionalmente cometiam erros, é claro; contudo, se um lote saía com menos sabor do que o esperado, eles e o fazendeiro analisavam o processo e ajustavam as medidas, o tempo de cura ou a qualidade do leite. E faziam isso de novo e de novo, até que o produto estivesse perfeito.

– Foco significa fazer uma coisa com toda a sua dedicação – repetia Sira, a mão acariciando a barriga já pronunciada pela gravidez. – Não adianta querer abraçar o mundo, Lídia. *Melhor* é mais importante do que *maior*. Em vez de tentarmos inovar o tempo todo, devemos nos manter fiéis a nossa visão, seguindo o caminho do *esforço inteligente vs. o resultado escalável.* Em outras palavras, focar nossas energias em ações que gerem o maior retorno possível, sem perder tempo ou recursos em atividades que não aumentam a nossa produtividade ou lucro.

Quando Sira e Kubaba foram capazes de contratar outro empregado, eles se dedicaram a treiná-lo com paciência, ensinando a ele como falar com os clientes, oferecer amostras, e como contar a história por trás de cada queijo à venda, em um processo que se repetia todos os dias, até que se tornasse uma segunda natureza para todos na tenda.

Arad, por outro lado, parecia se perder no excesso de tarefas que tentava administrar ao mesmo tempo. Sua barraca, embora maior e com uma variedade impressionante de produtos, mostrava claros sinais de desorganização; a qualidade dos queijos variava, os funcionários pareciam desmotivados e o próprio Arad, que agia muito mais como um chefe do que como um líder, não percebia os problemas que cresciam ao seu redor, insistindo em administrar tudo sozinho, recusando-se a pedir ajuda e, acima de tudo, resistindo às mudanças que o mercado exigia.

Observando a diferença entre os dois comerciantes, Lídia gradualmente sentiu uma verdade se cristalizando na sua mente: não era o tamanho do negócio que determinava seu sucesso, mas, sim, a forma como ele era conduzido. "Negócios ordinários, quando administrados com dedicação, tempo e foco, criam resultados extraordinários", ela se lembrou de algo que seu pai costumava dizer.

Lídia também testemunhou Kubaba e sua esposa recusando certas oportunidades que, à primeira vista, pareciam extremamente tentadoras. A cada novo sucesso, surgiam ofertas para expandir, vender outros produtos, e até abrir novas tendas. Mas o casal, lembrando dos conselhos do pai de Lídia, escolhia manter o foco naquilo que já faziam de melhor, sabendo que se dispersar, naquele momento, poderia comprometer toda a base que haviam construído até ali.

NEGÓCIOS ORDINÁRIOS, QUANDO ADMINISTRADOS COM DEDICAÇÃO, TEMPO E FOCO, **CRIAM RESULTADOS EXTRAORDINÁRIOS.**

– THIAGO NIGRO

– Quanto mais dinheiro se ganha, mais oportunidades aparecem – disse Kubaba, num dos muitos fins de tarde em que se reuniam para contar o lucro do dia. – Mas precisamos lembrar que cada nova oportunidade pode nos tirar do caminho que estamos aprimorando. É preciso saber dizer não.

Certo final de tarde, quando o sol começava a tingir o céu de laranja, Lídia organizava os jarros vazios quando notou um homem de aparência cansada e vestes simples se aproximar da tenda.

– Salve, amigo – Kubaba o cumprimentou com uma leve inclinação de cabeça. – Posso ajudar a encontrar algo específico?

O homem hesitou por um momento, mas então explicou que queria comprar um pouco de queijo para fortalecer a saúde da esposa doente. Kubaba o ouviu atentamente, sem interromper.

– Não vai encontrar queijo mais nutritivo do que o nosso – disse Kubaba.

O homem pareceu aliviado, mas então olhou hesitante para a pequena sacola de grãos que carregava consigo.

– Eu... só tenho isto para trocar – disse ele, com a voz embargada. – Sei que não é muito...

Kubaba lançou um olhar para Lídia, que acompanhava discretamente a interação. Ele então voltou a atenção para o cliente:

– O que você tem é suficiente, amigo – falou Kubaba, cortando uma generosa fatia do queijo. – Se a sua esposa gostar, volte para nos contar. Quem sabe da próxima vez possamos negociar mais?

O homem partiu, levando consigo o pedaço de queijo e a generosidade do vendedor.

– Isso foi legal – falou Lídia, notando o leve sorriso que Kubaba exibia nos lábios.

– Seu pai me disse que nós estamos sempre a uma decisão de mudar nossas vidas, e a um cliente de mudar a nossa prosperidade – disse ele, pensativo.

– Hoje, talvez eu tenha feito essa escolha. Pode parecer um pequeno gesto, mas é assim que grandes mudanças começam. Nunca subestime o poder de um cliente satisfeito.

Nos dias que se seguiram, o homem, de fato, retornou diversas vezes à tenda, desta vez trazendo não apenas grãos, mas também outros clientes que ouviram a história do queijo que ajudou a recuperar sua esposa. Lídia percebeu como aquele simples ato de generosidade e atenção havia transformado a relação de Kubaba com a comunidade local, expandindo a reputação do negócio de uma maneira que nem a melhor estratégia de mercado teria conseguido.

Lídia também se surpreendeu ao ver como os princípios financeiros de um empresário do século 21 tinham, de fato, transformado não só a vida de Sira e Kubaba, mas também a do fazendeiro que os empregara; quando passou a ser sócio de duas pessoas confiáveis cuidando do seu negócio, o homem usara o tempo extra não para se afastar do trabalho, mas para se dedicar a outras áreas da sua propriedade que precisavam de atenção, como o pasto das cabras, que ele estava expandindo para abrigar outros animais. Lídia também testemunhou o fazendeiro investir parte desse tempo na construção de relações mais fortes com outros comerciantes e clientes especiais, abrindo novos canais de venda e, consequentemente, aumentando a demanda de seus novos produtos.

Quando comentou com Sira sobre essa ascensão empresarial do fazendeiro, a mulher lhe respondeu com mais um ensinamento que o pai de Lídia havia dito ao casal antes de partir:

"Se você quer atingir o topo, não perca tempo olhando para cima; olhe para os lados, pois basta uma pessoa certa para que você chegue muito mais longe do que chegaria sozinho".

Ainda que profundamente imersa naquela sua nova vida, Lídia estava sempre pensando na mãe e no pai. Ela ocasionalmente se descobria examinando com minúcia a Tábua do Tempo – sempre bem guardada sob as vestes – como se pudesse encontrar algum botão mágico que a fizesse se acender de novo e a levasse de volta para casa.

Como se para debochar de seus devaneios, certa manhã uma lufada de ar a trouxe de volta à realidade. Debruçada sobre o balcão da tenda de Kubaba e Sira, Lídia ainda segurava a Tábua do Tempo quando a sua atenção foi capturada por uma cena aparentemente comum: uma família local, cujos rostos ela não reconhecia, parecia estar se preparando para partir da cidade, carregando consigo os pertences de uma vida inteira amarrados nos lombos de animais de carga. Havia uma resolução serena no líder do grupo, um patriarca já de idade, com a postura nobre e olhar além do horizonte. Ao seu lado, mulheres e crianças ajustavam as cargas, distribuindo o peso com uma eficiência nascida da necessidade e da experiência de longas viagens.

– É raro ver uma família se aventurar tão longe de casa, não é? – falou uma voz feminina ao lado de Lídia.

Quando Lídia se virou para encarar a recém-chegada, seu coração deu um salto.

Ali estava uma senhora de meia-idade e rosto sereno, as mechas prateadas dos cabelos amarradas em uma longa trança adornada com flores de jasmim. Entretanto, ainda que sua postura e trajes a situassem como alguém que pertencia àquele lugar, Lídia imediatamente a reconheceu como a policial que havia atendido ao seu chamado na noite em que seu pai desaparecera.

– C-como...? – Lídia começou, a voz trêmula. – Você é... V-você...

– Eles seguem guiados por uma fé inabalável, a promessa de um futuro melhor – a senhora falou, mantendo a atenção na família que se afastava dos portões da cidade. – É uma decisão corajosa, não é? Partir em busca de novos horizontes, deixando para trás tudo o que conhecemos...

– Você... Você estava na minha casa... – Lídia finalmente conseguiu dizer. – Era você, não era? Ah, meu Deus, como foi que...?

Os olhos da mulher finalmente encontraram os de Lídia e a menina se calou, como se as janelas de sua mente tivessem sido subitamente fechadas, mantendo a tempestade do lado de fora. Seu vestido azul parecia envolvê-la com a dignidade de um manto real, imponente e reconfortante.

– Não é curioso como um dia para alguns pode parecer mil anos para outros? – falou a figura, tocando suavemente a Tábua do Tempo que Lídia ainda segurava nas mãos trêmulas. – Mas não se preocupe, tudo tem o seu tempo determinado… e há tempo para todo o propósito.

O artefato então se acendeu como uma estrela esmeralda, forçando Lídia a fechar os olhos.

CAPÍTULO 4

COMUNHÃO

DIA 1 – ARREDORES DE URIM, ANTIGA MESOPOTÂMIA

Minha filha,

Se antes eu duvidava que você algum dia se interessaria em ler as palavras deste diário, agora me pergunto se o tempo sequer permitirá que estas páginas frágeis sobrevivam intactas até essa oportunidade surgir. Preciso me agarrar à esperança de que, de alguma forma, isso seja possível, ou certamente enlouquecerei.

De fato, por pouco não perdi a sanidade nas horas que antecederam esse meu registro.

Após você deixar o escritório, me agachei para recuperar as metades da Tábua do Tempo e o objeto magicamente se acendeu; uma intensa luz verde me cegou como se eu fosse um cervo perdido na estrada. Quando meus olhos se abriram e se acostumaram ao sol deste novo mundo em que me encontro, perambulei pelas ruas empoeiradas pelo que pareceu uma eternidade, questionando os locais após me dar conta de que eles estranhamente falavam a minha língua. Empapado de suor, percebi que minhas roupas haviam sido substituídas por vestes típicas da região. Quando fui me lavar em um canal e me deparei com o reflexo de outro homem onde o meu rosto deveria estar, o abraço gelado do pânico me tomou por completo.

Se não fosse por aquelas duas almas do mercado, eu muito provavelmente ainda estaria perdido em alguma viela, orando para que me despertassem deste pesadelo.

No momento em que escrevo isto, me encontro sob o teto de palha da residência de um humilde casal de locais, Sira e Kubaba, que se compadeceram da minha situação e me ofereceram abrigo. Tive que mentir para eles sobre quem eu sou e de onde vim, é claro (se você achava que era a única artista da família, tinha que ouvir a história que inventei). Não me orgulho de ter mentido para meus anfitriões, mas a alternativa não me pareceu promissora. Tenho a ligeira impressão de que me identificar como um milionário viajante do tempo por estas bandas me daria um ingresso VIP para o próximo sacrifício em praça pública. "O melhor assento da casa, senhor!"

Tudo indica que eu me encontro nos arredores da antiga Mesopotâmia, mais precisamente próximo à cidade de Ur ("Urim" é como eles a chamam). Uma senhora no mercado me disse que este é o décimo primeiro ano do reinado de Ur-Nammu, o que me posiciona a cerca de pelo menos dois mil anos antes de Cristo.

"De James Bond a Indiana Jones a Doutor Brown em uma única noite", acho que você diria. Nada mal, hein?

Contudo, se o Doutor Brown tinha o seu tecnológico DeLorean, eu sou forçado a lidar com a metade de uma peça milenar de argila. “A Tábua do Tempo” infelizmente não veio com um manual de instruções quando eu a adquiri (pelo preço que paguei, deveria!). Não tenho dúvidas, porém, de que ela está relacionada a tudo isso, ainda que eu questione a razão – ou se há razão. Teria eu desrespeitado alguma entidade cósmica ao comprar um artefato possivelmente sagrado (ou profano?) e transformá-lo em um presente de aniversário para você, minha filha? Estaria o meu tormento sendo orquestrado por forças além da minha compreensão terrena?

Ou quem sabe eu esteja experimentando a mera consequência de um acidente infeliz por ter deixado a Tábua do Tempo se espatifar no chão? Nos filmes, sei que carros viajantes do tempo podem ser consertados, mas não estou certo quanto aos artefatos sumérios mágicos. Você sempre entendeu melhor de ficção do que o seu velho pai.

Sim, não há dúvida de que foi a Tábua do Tempo que me trouxe até aqui. A questão é se ela pode me levar de volta. A metade dela, ainda por cima. Estarei preso na antiga Mesopotâmia até que a velhice – ou alguma doença cuja cura só será inventada em alguns milhares de anos – finalmente me tire a vida?

Eu realmente não sei o que é mais inacreditável: que o seu presente de aniversário tenha magicamente me transportado de volta no tempo, ou que eu estivesse com este diário e lápis no bolso do paletó no instante em que o fenômeno aconteceu. Deus abençoe a sua mãe por me comprar este caderninho. Antes de começar a escrever esse registro, considerei se deveria abrir de outra forma. “Diário de um viajante do tempo” foi a primeira coisa que me veio à mente. Previsível, eu sei.

Não, isso precisa ser sobre você e sua mãe. Minha família.

E até que eu volte a vê-las, serei o improvável quarto membro desta pequena família mesopotâmica que me acolheu, retribuindo a caridade com o meu trabalho e a minha sabedoria, onde quer que sejam aceitos.

A cada dia que passo aqui, fico mais fascinado pela habilidade de Kubaba e Sira em lidar com o comércio local. Eles são resilientes, rápidos de pensamento, mas também há uma certa limitação no horizonte do conhecimento deles. Não é culpa desses jovens, é claro. Estamos falando de uma época em que a matemática é rudimentar e o conceito de “empreendedorismo” como conhecemos simplesmente não existe.

O processo de vendas, contudo, é uma fórmula. Uma equação simples que, quando bem aplicada, pode transformar um pequeno negócio em um império. No entanto, percebo que traduzir essa lógica fria e matemática para a realidade de uma sociedade onde o comércio é mais instintivo que estratégico é um desafio como nenhum outro.

O que eu gostaria que eles entendessem é que vender não é apenas uma questão de sorte, talento ou confiança – como Kubaba ainda acredita. Expliquei que o volume de tentativas de venda multiplicado pela taxa de conversão e pela margem do produto resulta no sucesso ou fracasso de qualquer operação comercial. Vi o olhar confuso de Kubaba, que me observou com a cabeça inclinada, como se eu estivesse explicando como contar as estrelas do céu.

Também há a questão da qualidade da oferta. Consegui, com sucesso, convencer Kubaba e Sira de que um produto melhor, uma oferta mais bem apresentada, naturalmente aumenta a taxa de conversão; se o pão que vendem for mais fresco, ou se conseguirem oferecer uma variedade mais atraente,

O PROCESSO DE VENDAS, CONTUDO, É UMA FÓRMULA. UMA EQUAÇÃO SIMPLES QUE, QUANDO BEM APLICADA, PODE **TRANSFORMAR UM PEQUENO NEGÓCIO EM UM IMPÉRIO.**

– THIAGO NIGRO

terão mais clientes dispostos a pagar um preço justo. Sira pareceu entender melhor esse conceito, mas Kubaba insistiu que o segredo está em seu carisma, no "jeitinho" que ele tem com os fregueses.

"O cliente precisa confiar em você", ele sempre diz. "Sim, Kubaba, mas, se você oferecer algo que ele não pode recusar, isso facilita ainda mais a venda", replico, tentando evitar soar condescendente.

E então vem a parte mais complexa: a margem. No século 21, isso é simples. Quanto maior a escala de produção, melhor a barganha com o fornecedor e, portanto, menor o custo unitário. Tento fazer um paralelo com os produtores de grãos e os criadores de gado com quem eles negociam. Se comprassem mais em volume, poderiam negociar um preço melhor, aumentando sua margem de lucro. "Com mais lucro, você pode reinvestir, expandir", digo, tentando introduzir um conceito básico de escalabilidade. Mas a ideia de que seu pequeno comércio possa um dia crescer a ponto de controlar os fornecedores parece uma fantasia para eles, quase uma profecia incompreensível.

Neste tempo em que me encontro, onde tudo é imediato e prático e a sobrevivência depende mais da habilidade de garantir o sustento diário do que de estratégias de longo prazo, meus conceitos às vezes soam distantes, quase utópicos.

Mas há uma fagulha no olhar deles, eu sei.

Meus anfitriões têm uma energia admirável; especialmente Sira, que carrega um bebezinho na barriga. Estão sempre em movimento, ora negociando com os agricultores, ora discutindo preços no mercado ou reorganizando a pequena tenda onde vendem seus produtos. Entretanto, hoje, após o jantar, tentei explicar ao casal que o verdadeiro crescimento, a verdadeira melhoria, vem da repetição e do foco, não de pular de tarefa em tarefa como uma abelha de flor em flor.

Quem não busca a melhoria contínua está fadado a fracassar continuadamente.

Usei o principal concorrente deles, um homem chamado Arad, como um exemplo claro do que eles não devem fazer. O comerciante, que tem uma das maiores e mais bem posicionadas barracas do mercado, é o típico exemplo de quem se perde tentando fazer tudo ao mesmo tempo e acaba não fazendo nada bem. E o homem insensato, como sabemos, acaba prisioneiro do próprio fracasso.

“Há dois tipos de trabalhadores; aqueles que fazem muitas coisas ao mesmo tempo, mas dedicam pouco tempo a cada uma delas, e aqueles que fazem poucas coisas, mas dedicam muito tempo a cada uma”, disse eu. “Arad é o primeiro tipo. Ele está sempre tentando vender algo novo, adicionar mais produtos à sua banca, mas, no final, não há consistência. Já reparou que seus clientes não voltam? Compram uma vez, e depois procuram outro lugar.

QUEM NÃO BUSCA A **MELHORIA CONTÍNUA** ESTÁ FADADO A FRACASSAR CONTINUADAMENTE.

– THIAGO NIGRO

Isso porque ele não domina nada que vende. Tudo parece 'bom o suficiente', mas nunca excelente."

Sira, que preparava a massa do pão no balcão da cozinha, assentiu com a cabeça. "Olhe para Sira", eu disse, apontando para ela. "Sua esposa faz a mesma coisa todos os dias. Mistura a farinha, modela o pão, ajusta o forno. Pode parecer repetitivo, mas a cada vez ela melhora seu processo. O ponto exato da massa, o calor perfeito do forno. E é por isso que as pessoas voltam para comprar o pão dela, porque elas sabem que ele é o melhor de Urim."

"Faço a mesma coisa todo dia, só que melhor", complementou Sira, entendendo perfeitamente o ponto.

Seu jovem esposo, contudo, franziu a testa – eu sabia que ele resistiria à ideia de desacelerar e focar.

"Meu amigo Kubaba, você sabe qual é a diferença entre um pequeno negócio e um bom negócio?", perguntei, apontando para a barraca de Arad, que naquele momento tentava apressadamente empurrar vinho de má qualidade a um cliente relutante. "No pequeno negócio, como o de Arad, a energia do empreendedor é dissipada em várias direções. Ele tenta resolver tudo ao mesmo tempo, e, no final, não resolve nada bem. No bom negócio, a energia está alinhada e toda a atenção é direcionada para um ponto. Se vocês se concentrarem em fazer o que já fazem de melhor, podem crescer sem precisar fazer mais."

"Mas o negócio de Arad não é pequeno, ele tem vários funcionários", retrucou Kubaba, preso no sentido literal da palavra.

"A quantidade de pessoas envolvidas nunca será o mais importante, e sim o alinhamento entre elas, Kubaba", disse eu, emendando então em uma metáfora. "Imagine que você está em uma canoa seguindo por um grande rio. Sozinho, você consegue mover a canoa a uma boa distância em cada batida de remo, talvez uns… quinhentos passos por hora? Agora, se Sira se juntar a você, a força de vocês combinada é maior, e a canoa passa a se mover ainda mais rápido, talvez uns seiscentos passos por hora, cerca de um quinto a mais de distância coberta. Se eu me juntar a vocês e todos remarmos juntos, a canoa passa a percorrer setecentos passos por hora. Suponha, contudo, que uma quarta pessoa entre na canoa, mas que decida remar contra nós. O que acontece? A nossa canoa, que antes avançava a setecentos passos por hora, desaceleraria bastante… Com esse desalinhamento, a canoa mal percorreria quatrocentos passos por hora. A força dos três remadores que estavam em harmonia foi desperdiçada, tudo porque um único braço decidiu remar no sentido oposto."

Foi a vez de Sira trazer outra metáfora para arrematar o ensinamento: "Imagine que estou fazendo um bolo, meu querido esposo, contudo decida trocar um dos ingredientes, digamos, o açúcar, pelo sal! Pode ser o melhor sal do mundo, porém o bolo vai ficar horrível, pois esse ingrediente não harmoniza com a receita. Estou entendendo que é isso que acontece quando escolhemos pessoas que não estão alinhadas com nossa visão".

Minha filha,

Hoje, enquanto caminhava pelo mercado da antiga cidade de Urim, me descobri emocionado ao vislumbrar como a pequena tenda de Kubaba e Sira prosperou desde que a Tábua do Tempo me trouxe aqui. O jovem casal, outrora empregados lutando para sobreviver, aos poucos está se tornando referência naquilo que fazem, seu negócio atraindo filas que enfurecem a concorrência.

Me alegra acompanhar dia a dia os ensinamentos que compartilho com eles florescendo - seja ajudando-os na tenda ou nas conversas que temos no jantar. Ontem mesmo, durante uma pausa no trabalho, sentei-me com Kubaba sob a sombra de uma figueira e compartilhei com ele um dos conceitos mais fundamentais que aprendi ao longo dos anos: o verdadeiro significado de “Poder”. Disse-lhe que, ao contrário do que muitos pensam, o “poder” não reside na capacidade de controlar, mas na arte de saber influenciar as decisões dos outros. “É como uma manipulação, então?”, indagou meu jovem amigo da Mesopotâmia. “Não, Kubaba”, respondi, “me refiro à habilidade de guiar a escolha de alguém, de criar um desejo e, mais importante, satisfazer esse desejo. É essa a dinâmica que move o mundo.”

O "PODER" NÃO RESIDE NA CAPACIDADE DE CONTROLAR, MAS NA **ARTE DE SABER INFLUENCIAR** AS DECISÕES DOS OUTROS.

– THIAGO NIGRO

Ao contrário de Arad, nosso concorrente, Kubaba e sua esposa hoje se dirigem aos clientes não como vendedores ansiosos, mas como indivíduos com algo de valor a oferecer – algo capaz de melhorar a vida desses clientes.

Outro dia foi a vez de Sira me consultar sobre a relação com os clientes: o medo de aumentar os preços e perdê-los. Eu lhe disse que o empreendedor iniciante, em sua insegurança, tende a acreditar que o aumento de preço resultará na perda de toda a clientela que ele arduamente conquistou. Esse medo, como eu mesmo aprendi ao longo de minha carreira, é infundado, uma vez que valorizar o nosso produto é parte essencial do sucesso. Para exemplificar, sugeri que aumentássemos o preço dos nossos queijos curados (os mais difíceis de produzir por aqui) em 30% – uma medida que Sira e o marido hesitaram em aplicar, mas acabaram por confiar na minha aposta.

Durante a semana seguinte, como esperado, houve uma perda inicial de cerca de 10% da clientela. Alguns dos compradores regulares, talvez habituados aos preços antigos, preferiram voltar a comprar da venda de Arad. Contudo, os clientes que permaneceram foram aqueles que reconheceram a qualidade superior dos produtos. E mais importante: a receita total ao final do período de teste foi significativamente maior.

Kubaba e Sira perceberam que, mesmo com menos clientes, o aumento de preço trouxe maior lucratividade e melhorou a percepção de qualidade dos seus queijos. No final das contas, a estratégia se mostrou lucrativa e revelou-se como um divisor de águas para o negócio deles.

A vida no mercado – seja literalmente este da antiga cidade de Urim, seja o mercado de ações ou imóveis do século 21 – é uma dança delicada entre risco e recompensa, entre o poder de influenciar e o medo de falhar. Mas o que realmente importa é que, com coragem e sabedoria, qualquer pequeno negócio pode crescer e prosperar. E, ao ver esse jovem casal aplicar esses princípios, percebo que o futuro que construíram para si mesmos é sólido e promissor; especialmente com uma criança a caminho.

Hoje mais cedo, ao ver Kubaba e Sira preparando uma refeição quente para este hóspede deslocado, me descobri filosofando sobre as complexidades do casamento, esse contrato quase tão antigo quanto a civilização.

"Contrato." Quando eu e sua mãe nos casamos, entendemos que não eram nossas assinaturas que selariam o nosso compromisso um com o outro; aquele pedaço de papel não era uma garantia de amor, mas sim uma definição do que aconteceria com nossos bens caso nos separássemos.

O que me faz refletir: o casamento civil é, de fato, sobre afeto?

Será que, no futuro de onde venho, ao nos prepararmos para o matrimônio, estamos mesmo celebrando o amor, ou firmando uma transação financeira? Se acreditamos no casamento, não estaríamos tomando uma decisão de negócios, então, ao nos prepararmos para um plano B em caso de adversidades? Uma porta dos fundos por onde possamos escapar? Que sentido faz entregarmos corpo, mente e alma para o outro, mas não os nossos bens materiais?

Ao divagar por esses pensamentos, resolvi perguntar a Sira e Kubaba como eles resolveram "se unir", e descobri que já nesta época existe algo muito semelhante ao casamento civil da nossa modernidade, redigido em pedras de argila. Imagine a minha surpresa!

Além disso, eles me explicaram algo que me deixou atônito: que, mesmo com o casamento civil, eles seguiram um caminho diferente do tradicional. Eles não apenas se casaram, como também fizeram uma aliança de sangue!

Permita-me explicar, querida filha: a aliança de sangue é um pacto ou acordo sagrado, no qual as pessoas compartilham seu sangue como um símbolo de compromisso profundo e permanente. Esse tipo de aliança era visto (e ainda é, pois ainda existe no nosso tempo) como algo inquebrável e, ao ser selado com sangue, representava que os envolvidos agora estavam ligados de forma vital e espiritual, como se fossem uma só pessoa.

De certa forma, isso é muito semelhante ao casamento moderno, em que apenas trocamos o pacto de sangue por uma simbologia mais agradável: a aliança de ouro.

Porém, quebrar uma aliança de sangue traz consequências sérias para o "traidor". Ele não apenas poderia ser excluído da sua tribo/família, como também era considerado uma pessoa amaldiçoada, que sofreria uma punição divina pelo seu ato.

Já quando olhamos para o nosso tempo, parece que a seriedade da aliança se perdeu. Hoje, pessoas desistem de seus casamentos como se o casamento fosse um leite vencido na geladeira, e a união entre duas pessoas virou apenas uma decisão de custo e benefício.

Aqui, neste lar do passado, vejo um homem e uma mulher vivendo a união de suas almas em uma época em que o conceito de bens compartilhados é intrínseco à existência. Entre eles, não há separação de bens ou estratégias para blindar-se das eventuais adversidades fiscais – tão comuns no tempo de onde vim. Erros são humanos, e todos erramos. Longe da perfeição, deveríamos, talvez, tratar o casamento não como um negócio, mas como uma aliança inquebrável. Aqui, nesta casa simples de Urim, vejo um casal que vive tal aliança todos os dias, sem preocupação com um plano B ou com a divisão de riquezas.

O casamento, quando alicerçado em parceria verdadeira, é como dois rios que se unem e formam um rio muito mais poderoso. Antes, cada um seguia seu curso, enfrentando desafios à sua maneira. Mas quando os rios se encontram, tornam-se um só, um fluxo mais intenso, mais forte, capaz de transpor obstáculos e ir mais longe do que jamais conseguiriam sozinhos.

“Se tropeçar, há quem o segure.”

Kubaba e Sira caminham de mãos dadas; não apenas como marido e mulher, mas como verdadeiros parceiros de vida. Parceiros de vida como eu e sua mãe, que, quando nos casamos, também o fizemos em comunhão total de bens – uma decisão que nos trouxe muito orgulho e prosperidade.

Isso porque, na prática, a comunhão total de bens é como o entrelaçar de duas correntes em uma só, fortalecendo a capacidade de investir ao fazer com que todos os ativos e passivos sejam compartilhados igualmente entre os cônjuges, permitindo sonhos mais ousados; na união, os ativos se somam e se multiplicam, enquanto os passivos se dividem.

Vou escrever um exemplo claro para ilustrar esse ponto:

Imagine um homem que ganha 3.500 moedas por mês e mora numa casa que custa 2.750. Ele vive com o que sobra, mas é uma quantia pequena, e a qualidade de vida é limitada. Agora, imagine uma mulher que ganha 3.300 e mora numa casa que custa 2.450. Da mesma forma, vive com o que sobra, mas suas reservas são magras.

Se continuarem sozinhos, cada um estará num ciclo de sobrevivência.

Agora, se eles se casarem e decidirem morar juntos em uma casa melhor, que custa 3.200, eles ainda teriam um custo de vida menor do que antes. Ao somar suas rendas, 3.500 do homem e 3.300 da mulher, eles teriam juntos 6.800 por mês. O novo lar, custando 3.200, consumiria menos da metade de suas rendas combinadas. Antes, estavam gastando 5.200 somados, agora o custo é significativamente menor. A diferença? Sobrariam 3.600 moedas por mês, mais do que o dobro do que sobrava antes da união. A velocidade de seu enriquecimento aumentaria consideravelmente, e com uma qualidade de vida superior.

Refletindo sobre tudo isso, entendo que os pilares do enriquecimento em comunhão se sustentam em quatro princípios, os quais vou chamar de os 4Cs:

Colaboração: o casamento é um incentivo mútuo. Um apoia o outro, empurrando ambos para alcançar mais do que jamais poderiam sozinhos. Quando um está cansado, o outro oferece ânimo. Quando um tem uma ideia, o outro traz perspectivas diferentes. Assim, a caminhada em busca do sucesso é reforçada.

Compartilhamento: a divisão dos custos fixos e a otimização dos recursos são vitais. Juntos, o casal pode compartilhar o que antes era gasto individualmente, e a economia gerada faz com que as reservas cresçam. É o ato de dividir, mas que no final resulta em multiplicação.

Cautela: a diluição do risco é um dos maiores benefícios de uma união sólida. Se um perde a renda, o outro ainda tem condições de segurar o sustento. Isso traz uma paz de espírito que nenhum tesouro pode comprar. Além disso, juntos, é mais fácil planejar com cautela para tempos de dificuldade, algo que, sozinhos, seria muito mais desafiador.

Concentração: cada um deve focar o que faz de melhor. Em vez de ambos gastarem energia tentando dominar as mesmas habilidades ou tarefas, eles podem se complementar, distribuindo os papéis e maximizando a eficiência. Se um é bom em números, que cuide das finanças; se o outro é excelente em estratégia, que trace os caminhos. A soma dessas especializações gera um resultado muito maior.

Ao combinar os recursos financeiros, podemos investir de forma mais eficaz e diversificada. Podemos tomar decisões de investimento conjuntas, aumentando assim as chances de obter retornos mais substanciais a longo prazo. Além disso, a comunhão total de bens pode permitir que o casal aproveite oportunidades de investimento que, de outra forma, não estariam acessíveis a eles individualmente.

JUNTOS, É MAIS FÁCIL PLANEJAR COM CAUTELA PARA TEMPOS DE DIFICULDADE, ALGO QUE, SOZINHOS, SERIA MUITO MAIS DESAFIADOR.

– THIAGO NIGRO

No que diz respeito às dívidas, a comunhão total é um escudo duplo, pois qualquer ônus é carregado por ambos, e, na quitação, a vitória é partilhada. Trata-se de um pacto de lealdade financeira, em que os credores são confrontados não com um, mas com a força unida de dois.

A comunhão total de bens também simplifica significativamente a administração financeira do casal. Com todos os ativos e passivos compartilhados, longe ficarão a confusão e a burocracia que os patrimônios fragmentados exigem (não há necessidade de manter contas separadas ou realizar transferências de dinheiro entre marido e esposa, por exemplo), além de reduzir o estresse e a burocracia associados à gestão financeira diária e facilitar o planejamento financeiro de longo prazo.

E, na mais sombria das horas, no caso de falecimento de um dos cônjuges, na comunhão total de bens o outro geralmente herda automaticamente todos os bens e ativos do casal; é a promessa de que o amor e o cuidado continuarão a florescer, mesmo quando um dos corações deixar de bater.

Juntos, na comunhão de vidas e bens, somos mais fortes.

Se a Tábua do Tempo permitir que eu um dia acompanhe minha filha até o altar, oro para que você e seu escolhido encontrem o alinhamento e a força que a comunhão total de bens – essa escolha tão cheia de julgamentos – é capaz de oferecer. E torço para que, ao compartilhar essa reflexão contigo nestas páginas, minha querida Lídia, seu pai esteja te oferecendo uma perspectiva que transcenda o tempo e o espaço; uma lição tão relevante para nós, do século 21, quanto foi há quatro milênios nesta terra de Urim. Acredite neste humilde viajante do tempo: os verdadeiros laços do casamento são forjados no fogo do compromisso e da fidelidade, não nos frios contratos de bens materiais.

Hoje, ao final de mais um dia no mercado, comentei com Sira e Kubaba que quem realmente cria o produto não é o empreendedor, mas o cliente.

Quando me olharam intrigados, lancei um desafio; fazer algo que poucos comerciantes se dão ao trabalho: perguntar diretamente aos clientes o que mais gostariam de ver na tenda. Ao longo da semana, o casal passou a engajar-se em conversas mais profundas com os compradores, indagando sobre seus hábitos, o que compravam em outros lugares, do que sentiam falta, e como seus produtos poderiam melhor atendê-los. Muitos clientes, por exemplo, expressaram interesse em itens complementares que pudessem acompanhar os queijos e derivados, como mel, pães ou frutas secas que harmonizassem com os laticínios. Kubaba, com seu olhar atento, percebeu, então, que ali havia uma oportunidade de ouro para estabelecer um sistema de venda cruzada.

Com base nessas informações, introduzimos esses novos produtos na tenda, trazidos diariamente de um padeiro local de confiança. E assim, a cada cliente que vinha apenas para comprar queijo, ou coalhada, Kubaba e Sira passaram a oferecer também esses produtos complementares, aumentando não só a satisfação do cliente, mas também o valor de cada venda.

Expliquei a eles que existem várias outras formas de se aumentar a entrada de dinheiro no negócio deles:

a. Vendendo mais caro para os mesmos clientes: esse ponto já havíamos trabalhado quando decidimos aumentar o preço dos queijos. Mostrei a Kubaba que, ao valorizar mais seu produto, ele também elevava a percepção de qualidade entre os clientes, justificando o preço mais alto.
b. Vendendo mais vezes para o mesmo cliente: com os novos produtos complementares, Kubaba e Sira estavam não apenas aumentando o ticket médio de cada venda, mas também incentivando os clientes a voltarem mais vezes. Ofertas sazonais, como novos sabores de queijo ou iogurtes, também ajudavam a manter os clientes interessados e dispostos a comprar com mais frequência.
c. Vendendo produtos diferentes para o mesmo cliente: a inclusão de mel, frutas secas e pães exemplificava perfeitamente esse conceito. Ao entender que seus clientes não estavam apenas comprando queijo, mas sim uma experiência completa de alimentação, Kubaba foi capaz de expandir sua oferta de produtos, mantendo o cliente fiel à sua tenda.
d. Vendendo os mesmos produtos para clientes diferentes: finalmente, também conversamos sobre como conquistar novos clientes para os mesmos produtos que já faziam sucesso. Recomendei a Kubaba que investisse em propaganda boca a boca e incentivasse os clientes satisfeitos a indicarem a tenda a amigos e familiares, o que logo começou a dar frutos.

Ao aplicar esses conceitos, meus jovens amigos empreendedores não só aumentaram o ticket médio de cada venda, mas também fortaleceram a relação com os clientes, criando uma base de consumidores fiéis que sabiam que poderiam sempre encontrar ali não só os melhores queijos e derivados, mas também tudo de que precisavam para acompanhar sua refeição.

A base para um grande negócio não é apenas o que vendemos, mas como ouvimos e nos adaptamos ao que o cliente realmente deseja. Negócios são como prédios; podemos erguê-los com pressa, sim, porém, sem uma base sólida, o empreendimento está a um tremor de ruir por inteiro.

A paciência vence mais guerras do que o guerreiro.

A BASE PARA UM GRANDE NEGÓCIO NÃO É APENAS O QUE VENDEMOS, MAS COMO OUVIMOS E NOS ADAPTAMOS AO QUE O CLIENTE REALMENTE DESEJA.

THIAGO NIGRO

CAPÍTULO 5

AS TÂMARAS DO GOVERNADOR

Lídia abriu vagarosamente os olhos, o brilho verde da Tábua do Tempo novamente dando lugar a um novo sol; de alguma forma mais intenso e mais vivo do que aquele que ela aprendera a tolerar nos dias que passara na terra de Sira e Kubaba.

A menina se encontrava solitária na sacada do que parecia ser um enorme palácio dourado. À sua frente estendia-se um deserto de beleza e escala ímpares. Um rio majestoso serpenteava por suas areias ferventes, uma veia de vida contrastando com a paisagem árida. Nas margens floresciam campos exuberantes, onde casas de barro, praças e mercados pulsavam com movimento. Monumentos de pedra e pirâmides inconfundíveis se erguiam no horizonte amarelo – guardiãs eternas de imperadores que há muito haviam passado para o Reino dos Mortos.

– Ah, meu Deus – murmurou Lídia, debruçando-se no parapeito da sacada. O ar, saturado com o aroma de incenso, misturava-se ao calor e aos sons do cotidiano abaixo – o eco de ferramentas, murmúrios de conversas e chamados distantes de animais.

A jovem se afastou do parapeito e olhou para a metade da Tábua do Tempo em suas mãos. *Tudo tem o seu tempo determinado, e há tempo para todo o propósito*, ela se lembrou do que a mulher de cabelos prateados havia dito antes que a relíquia se acendesse. O que aquelas palavras significavam? Assim como Sira e Kubaba, a figura misteriosa parecia agora ter ficado para trás, em outro tempo e lugar, deixando apenas seu perfume e o discurso enigmático na memória da confusa menina. Tratava-se mesmo da policial que ela conhecera na mansão do pai? Ou teria Lídia sido vítima de uma ilusão projetada pelo próprio desespero de voltar para casa?

Não podia ser coincidência.

Assim que tentou guardar a Tábua do Tempo, Lídia notou que suas vestes haviam sofrido outra metamorfose, refletindo agora as tradições da nova cultura para onde o artefato mágico a tinha levado.

Substituindo os robustos tecidos e formas funcionais da indumentária mesopotâmica, a jovem encontrava-se envolta em linho de leveza e suavidade surpreendentes, acariciando sua pele graças à brisa que soprava naquele pôr do sol. Seu cabelo também estava diferente, arranjado para afastar o calor da nuca, com mechas cuidadosamente trançadas e entretecidas com pequenas contas. Tocando o rosto, ela sentiu as feições angulosas de alguém que ela não reconheceria no espelho.

– Vinte anos de idade e já somo duas plásticas faciais, isso deve ser algum recorde – brincou ela, tentando aliviar a tensão.

O amuleto de bronze polido em seu punho – outrora o valioso relógio que o pai lhe dera – tornara-se um bracelete de ouro adornado com incrustações de lápis-lazúli e turquesa. Lídia imaginou o quanto aquele objeto valeria se ela simplesmente o enterrasse para que fosse encontrado por algum arqueólogo do futuro.

– Provavelmente o triplo do que meu pai pagou em alguma loja chique da Europa – murmurou ela.

Ocultando a Tábua do Tempo sob o novo vestido, a jovem deixou a sacada, seus passos hesitantes ecoando contra o chão de pedra polida. Ao cruzar o limiar para dentro do palácio, ela se viu envolta na opulência silenciosa de um grande corredor suntuoso, onde paredes altas, gravadas com inscrições douradas, contavam histórias de deuses alados e batalhas celestiais.

O corredor desembocava em uma série de salões interconectados, cada um mais extravagante que o último. Colunas maciças ascendiam até o teto, onde afrescos retratavam o firmamento celeste em um espetáculo de azul e ouro. O chão era um mosaico complexo, com pedras meticulosamente arranjadas em padrões que narravam a ascensão e o domínio de faraós divinos.

– Você aí, por onde andou? – chamou uma voz incisiva atrás de Lídia.

Tratava-se de um dos empregados do palácio, trajando um simples, porém imaculado, linho branco, o rosto marcado pela impaciência de quem gerencia a ordem dentro do caos diário.

– Oi? Ah, eu... – Lídia tentou pensar em uma desculpa. – Eu pensei ter ouvido um *gato* em algum lugar desses corredores.

– O quê? – O homem reagiu com uma careta. – Venha, garota, de volta ao trabalho, vamos.

Assumindo o ritmo do novo papel, Lídia seguiu o empregado através do labirinto de corredores e salas menores até chegar à cozinha – o coração do palácio. Cozinheiros e auxiliares moviam-se no aposento com uma perfeita coreografia, misturando ervas aromáticas e mexendo em potes de barro sobre fogueiras controladas. O ar era denso com os aromas de pão fresco e de assados, misturado ao doce perfume de frutas exóticas.

Ali, não havia espaço para a mediocridade; cada indivíduo dava o seu melhor.

Lídia e outra jovem servente receberam uma bandeja pesada cada uma, adornadas com algumas das riquezas culinárias daquela terra: pães planos, figos e tâmaras recheadas, carnes temperadas com cominho e coentro, além de pequenas taças de mel e vinho.

– Aos aposentos do faraó, *agora* – foi a ordem que receberam.

Engolindo em seco, Lídia seguiu a outra empregada pelo palácio, equilibrando a bandeja pesada e pensando no emaranhado do próprio destino. À medida que se aproximavam dos aposentos reais, um murmúrio de vozes masculinas tornou-se audível, palavras carregadas com o peso de decisões que moldariam o destino daquela nação. Com um leve empurrão, a companheira de Lídia abriu a porta maciça e ambas adentraram a câmara, suas presenças despercebidas por dois homens absortos em uma importante discussão.

O faraó, uma figura alta e imponente mesmo em seu estado relaxado, se encontrava inclinado sobre uma pesada mesa de ébano, onde mapas e papiros disputavam espaço. Seus traços eram nobres, uma estátua de bronze refletindo a linhagem eterna que representava.

Do outro lado do grande móvel de pedra, um homem mais simples, mas com uma aura de autoridade que desmentia sua vestimenta modesta, falava com uma confiança tranquila.

Copiando os movimentos da colega, Lídia pousou a bandeja sobre um pedestal e deu meia-volta para acompanhá-la para fora do aposento, porém, no último instante, decidiu se esgueirar para um canto escuro do cômodo e escutar a conversa, torcendo para que nenhum dos homens a notasse.

– Yusef, meu governador e amigo de tempos insondáveis – disse o faraó, a voz grave ressoando pelo salão com um timbre de profundo respeito. – Conte-me como anda guiando o meu povo através desta seca que desafia até mesmo o poder dos deuses...

– Grande faraó, como planejado, estamos utilizando os excedentes que acumulamos nos anos de abundância – respondeu o governador Yusef.

– Sim, lembro-me de quando os celeiros transbordavam... Como estão agora?

– Estão diminuindo, meu senhor, mas de forma prevista. – Yusef se debruçou sobre um dos papiros na mesa. – Registramos cada saco de grãos, cada tâmara e figo dos estoques, e distribuímos não apenas igualmente, mas estrategicamente. Aqueles em trabalhos essenciais recebem uma porção que garante a continuidade do reino; trabalhadores dos campos, ferreiros, guardiões do conhecimento.

– Mas e os outros? – indagou o monarca. – Os artesãos, os mercadores... Aqueles cujas mãos não aram a terra ou forjam os metais?

– A eles, oferecemos trabalho em projetos para o futuro – explicou Yusef. – Construções, infraestrutura, melhorias na irrigação do

Nilo. Nós lhes damos propósito e, com isso, a promessa de que há um futuro pelo qual vale a pena trabalhar e esperar.

– Mas o que dizer dos nossos vizinhos? – O faraó se afastou da mesa, encarando o horizonte através de uma das enormes janelas do salão. – Você, Yusef, sabe mais do que todos neste palácio que aqueles que buscam o sucesso têm duas coisas em comum: um alvo nas costas e uma recompensa pela cabeça. Sim... nossos vizinhos nos observam com olhos de abutre, esperando que a grandeza do Egito se volte contra nós mesmos.

– Sim, o prego que se destaca é o primeiro a ser martelado, meu faraó – lembrou o governador. – Mas o senhor acompanhou que nos últimos tempos fortalecemos nossas alianças através do comércio. O que nos falta em grãos, compensamos em linho e papiro. Nossos bens são desejados, meu senhor, e através deles adquirimos o sustento que nos falta.

– Yusef, é a sua sabedoria que mantém o reino de Pepi, a herança imortal da coroa que carrego – o faraó afirmou com sua voz poderosa. – Contudo, eu me pergunto como manteremos a ordem quando o medo da fome inexoravelmente sequestrar o coração do meu povo.

Yusef inspirou fundo e, como se tomado por uma súbita intuição, olhou ao redor do salão até localizar Lídia, na penumbra próxima à porta de entrada.

– Você, mulher, venha até aqui. – O homem sinalizou com a mão.

Sentindo o coração querendo escapar pela boca, Lídia caminhou receosa até o centro do aposento. Intrigado, o faraó se juntou a eles, próximo ao grande móvel de ébano.

– Eu sou Yusef, governador do Egito – o homem falou baixo, a voz firme amansando a ansiedade da menina. Apesar da estatura mediana, sua presença era ampliada por uma aura de confiança e serenidade que Lídia jamais havia presenciado. Seus cabelos, escuros e ligeiramente ondulados, caíam naturalmente sobre a testa larga. – Diga-me o seu nome, minha jovem.

– Ahn... olá. – Ela ergueu a mão, desajeitada. – Eu me chamo Lídia.

Yusef titubeou ao ouvir o nome.

– Lídia... – murmurou ele, franzindo o cenho como se o nome lhe soasse estranhamente familiar. Voltou-se então para o faraó, elevando o tom da voz. – Meu senhor, esta então é Lídia, uma de suas ajudantes da cozinha. Ela representa o povo deste grande reino e tem uma perspectiva valiosa para nós.

– E-eu tenho? – a jovem falou.

– Diga-me, Lídia, você certamente escutou nossa conversa – falou o governador. – Ao saber dos detalhes de nossa administração, você diria que ficou *mais* ou *menos* preocupada com relação à situação que estamos vivendo?

– Eu... – Lídia ponderou por um instante. – Eu acho que *menos* preocupada.

– E por quê? – perguntou Yusef.

A jovem voltou a atenção para o faraó, que a encarava de volta, os olhos de âmbar refletindo as gerações que haviam se curvado diante de seus antepassados. Ela estremeceu, se dando conta de que estava diante de uma figura cujo legado sobreviveria por milênios, cujos feitos seriam inscritos em pedra e contados sob a luz das estrelas até que o mundo se rendesse à poeira.

– Responda, mulher, não se acanhe – disse o monarca.

– Bom, eu... – Ela tocou discretamente a Tábua do Tempo escondida sob as vestes, um ato instintivo, quase como se o artefato fosse um amuleto capaz de fortalecê-la. – Me pareceu que vocês genuinamente se importam com as pessoas lá fora. Vocês têm um plano e... E estão seguindo esse plano.

Yusef voltou-se para o faraó, abrindo um sorriso satisfeito.

– Quando não sabemos o que enfrentamos, os rumores projetam sombras no imaginário – falou o governador. – Mas, quando o povo entende os desafios e conhece os esforços feitos em seu nome, ele se sente parte da solução, pois nada une mais do que um inimigo em comum. A comunicação e a transparência são inestimáveis em crises assim.

– Sim... compartilharemos o fardo desta praga com todos, então, de servos a nobres – concluiu o faraó. – A informação não deve ser privilegiada. Assim, mantemos a paz.

– Precisamente, meu senhor.

O monarca inspirou fundo e fez parecer que encerraria a reunião; todavia, como se tomado por uma súbita tristeza, ele se apoiou desanimado na pedra fria da mesa de ébano.

– Ah, minha bela terra negra, morada dos deuses – falou ele, o olhar se perdendo nas linhas dos mapas e no papiro sobre o móvel. – Seus rios e campos já alimentaram reis e camponeses, seus tesouros encheram os cofres do mundo... Olhe para você agora, sob a sombra da adversidade, seus filhos clamando por pão, por água...

Yusef lançou um olhar discreto para Lídia, e então voltou a se dirigir ao melancólico faraó:

– Meu senhor, se me permite dizer, apesar da tristeza do momento, acredito que há motivos para sorrirmos. Enfrentamos a praga, é verdade, mas graças à nossa disciplina e ao investimento que fizemos nas nossas colheitas mais generosas, pois as guardamos para momentos como estes em vez de as consumirmos por completo, o cenário hoje nos permite sobreviver à seca de uma forma que nem nossos especialistas mais otimistas esperariam. Poderíamos ter feito como nossos vizinhos, que consumiram tudo que produziram, transformando grandes colheitas em grandes festas. Poderíamos também ter sucumbido ao clamor público, que protestou contra ti ao verem tantos sacos de comidas sendo armazenados para o futuro, enquanto em outras cidades sacos parecidos eram consumidos em um único dia. Se você tivesse dado ouvidos a todos esses ruídos, teríamos vivido o presente – e hoje, estaríamos escolhendo quem se alimentaria e quem morreria de fome.

Com o olhar perdido nas ilustrações dos papiros, mas a mente focada na mensagem de Yusef, o faraó assentiu.

– Sua confiança e sabedoria, meu governador, são as nossas estrelas-guia, pois a ausência de conselheiros leva à ausência de bons planos – disse o faraó. – Que o seu Deus guie seu caminho e o proteja como você protege o Egito.

Após uma reverência, Yusef recolheu os papiros e fez sinal para que Lídia o seguisse. A jovem, ainda em estado de choque, executou uma reverência atrapalhada e seguiu o governador para fora do grande salão real, deixando o austero monarca contemplando as janelas altas, pelas quais a luz do sol se dissipava em poeira dourada.

Após avançarem alguns metros pelo corredor, Yusef sinalizou para que Lídia o acompanhasse até um aposento recluso e agradável, cujas paredes revestidas de afrescos retratavam o Vale do Nilo em toda a sua glória verdejante. Uma janela aberta deixava entrar a brisa que agitava suavemente as cortinas de linho, trazendo consigo o aroma de jasmim dos jardins internos do palácio.

– Eu não deveria ter ficado no salão ouvindo a conversa de vocês, me desculpe, governador – Lídia se adiantou.

– O quê? Oh, não, eu não a trouxe aqui para ser repreendida, acalme-se – falou Yusef, voltando-se para a janela. Ele pareceu apreciar a paisagem por um instante, antes de inspirar fundo e prosseguir. – Sabe, antes de me tornar quem sou hoje, a minha vida foi marcada por provações que testaram a minha fé. Eu era apenas um jovem em Canaã, favorecido por meu pai entre meus muitos irmãos, o que lamentavelmente semeou a inveja em seus corações. Eles me traíram e me venderam como escravo para mercadores que me trouxeram ao Egito. Aqui, servi lealmente na casa de um oficial de alto escalão, até o dia em que fui falsamente acusado por sua esposa de um crime que não cometi.

Yusef pausou, a expressão dura ao lembrar-se das injustiças que sofrera. Lídia decidiu permanecer quieta até que ele se recompusesse.

– Essa acusação me levou à prisão – prosseguiu ele, a voz calma, quase meditativa. – No entanto, foi atrás das barras que encontrei o meu verdadeiro propósito. Um *dom*, alguns diriam, capaz de me fazer enxergar soluções onde a maioria das pessoas enxerga o caos. Isso acabou chegando aos ouvidos do faraó, e... bom, foi assim que um prisioneiro ascendeu ao cargo de conselheiro do monarca.

O governador voltou-se para Lídia.

– Mas o motivo de lhe contar essa história, minha jovem, é porque durante o meu tempo de reclusão eu conheci muitos homens, cada um com sua própria história de desventura – disse Yusef. – Mas havia um deles, um dos guardas, na realidade, que tratava a todos com respeito, de colegas a condenados. Um sujeito sábio por quem acabei nutrindo respeito e amizade, e que falava de sua filha com um amor que transcendia os muros do nosso cárcere... uma menina com um nome exótico, que ninguém nesta região jamais tinha ouvido... *"Lídia"*.

– O m-meu pai, só pode ser! – a jovem falou, sentindo um nó se formando na garganta. – Você o conheceu... na prisão? Eu não entendo...

– Há mais uma coisa que preciso me certificar antes de prosseguirmos. – Yusef deu um passo na direção dela. – Esse guarda carregava sempre consigo a metade de um enigmático artefato, algo que ele mantinha com uma devoção misteriosa, acreditando que o reuniria com a sua família. Não pude deixar de notar que lá no salão do faraó você parecia tentar ocultar algo sob as suas vestes...

Com mãos trêmulas, Lídia revelou a Tábua do Tempo sob o manto.

– Meu Deus – Yusef sussurrou. – Esta é a outra metade daquele objeto.

– Por favor, governador, me diga onde fica essa prisão, eu preciso encontrar o meu pai...

O homem inspirou fundo antes de dar-lhe a má notícia.

– Assim que fui nomeado governador, retornei à prisão decidido a agradecer e recompensar aquele misterioso sentinela pela forma justa como ele me tratou, porém o sujeito havia desaparecido.

Seus colegas me informaram que ele um dia simplesmente não aparecera para trabalhar. Mais intrigante ainda? Ninguém parecia sequer saber onde ele morava…

Desolada, Lídia deixou cair os ombros e se recostou na parede. Yusef se aproximou.

– Darei um jantar para a família e amigos hoje mais tarde, na minha residência. Você deve se juntar a nós – propôs ele, os olhos agora o reflexo da compaixão de alguém que também tinha filhos. – Lá, estaremos mais seguros para conversar, e eu contarei tudo o que sei, e talvez possamos descobrir mais sobre o paradeiro de seu pai. Fora do palácio, pergunte a qualquer um onde fica a casa do governador Yusef, não terá dificuldade de encontrá-la.

Com o coração carregado de emoções e a promessa de respostas, Lídia concordou com um aceno de cabeça.

Após o pôr do sol, o céu tingiu-se de matizes de laranja e púrpura, despedindo-se do dia com uma quietude que parecia abraçar todo o Egito. Fora do palácio, Lídia, carregando consigo a promessa de Yusef, moveu-se entre os transeuntes com cautela, perguntando o caminho até a residência do governador. Cada pessoa que encontrava oferecia direções com uma mistura de curiosidade e respeito ao mencionar o nome daquela figura pública, prova da estima que ele detinha entre seu povo.

A entrada da residência era guardada por portões de madeira trabalhada – abertos, como se a hospitalidade fosse uma constante. A casa estava iluminada por lanternas que pendiam graciosamente, seus reflexos dançando sobre as superfícies de pedra e água, criando um ambiente tranquilizador.

Lídia foi recebida por um servo simpático, que a conduziu através do pátio, passando por corredores adornados com tapeçarias que contavam histórias de um Egito tanto celeste quanto terreno. No salão de jantar, Yusef, com um sorriso tão largo quanto as terras que regia, apresentou-a primeiro a Azenat, sua esposa, e seus filhos, Menashé e Efrayim, que, após cumprimentá-la, correram para brincar entre as colunas do pátio.

– E esses são meus amigos, Nebamon e Merit – falou o anfitrião em seguida, apresentando um casal distinto de idosos, que saudou a recém-chegada com acenos graciosos.

– Oi, eu sou a Lídia – a jovem reproduziu o aceno de volta, ainda insegura sobre como eram as saudações da época.

– E este é Sobekotep, um homem de grande influência, e um velho conhecido do faraó. – Yusef apontou para o último presente.

O sujeito esguio vestia-se de maneira impecável, com um manto de um tecido negro tão profundo que parecia beber dos próprios mistérios da noite. Seus olhos, igualmente escuros, continham um brilho escarlate oculto, capturando a atenção de quem os encarasse; não por sua beleza, mas por uma profundidade quase incômoda.

– "Lídia"... – Ele esticou os lábios finos em um sorriso cortês. A luz das tochas parecia dançar de forma mais cautelosa ao seu redor. – Se a memória não me trai, esse é o nome de uma região de montanhas e planícies férteis ao noroeste, além do mar Egeu.

– Uau. Preciso adicionar isso no meu currículo – brincou a jovem, recebendo como resposta do homem um erguer confuso de sobrancelhas.

– Meu caro Sobekotep, sua vasta cultura nunca deixa de nos impressionar – falou Yusef.

– Espero que esta minha visita súbita não tenha sido inconveniente, governador – disse o elegante indivíduo. – Pretendia discutir negócios, não imaginei que estaria dando um jantar esta noite. Se preferir que eu...

– Besteira, Sobekotep, fique, todos são bem-vindos – disse o anfitrião. – Venham, vamos comer!

O jantar estava posto sobre uma larga mesa de madeira. Taças transbordavam de vinho, acompanhando uma variedade de guisados de lentilhas aromatizadas com alho e cominho. Ao centro do móvel repousava uma travessa de pão achatado, lembrando a simplicidade da vida que Yusef outrora conhecera.

Acomodando-se sobre as almofadas ao redor do móvel, os convidados começaram a se servir, quando Yusef pegou uma das tâmaras da bandeja, contemplando-a com um olhar tão distante quanto o deserto que cercava a cidade.

– Vejam, amigos, a maioria de nós pensa que, ao saborear uma tâmara, está desfrutando do fim de uma jornada – disse ele, exibindo o fruto à luz das tochas. – Mas eu pergunto a vocês: ao descartar o caroço, quantos de nós param para considerar quantos frutos existem em uma única sementinha?

Seu olhar percorreu a mesa, encontrando rostos curiosos.

– Nós comemos a fruta e descartamos a semente, nos esquecendo de que dentro dela repousa um enorme potencial – prosseguiu Yusef. – Cada semente é uma promessa de abundância, uma futura floresta de tamareiras, uma linhagem de doçura que pode alimentar gerações...

– "Quem planta tâmaras não colhe tâmaras" – murmurou Lídia. Para seu receio, todos ouviram e se voltaram para ela, interessados.

– Muito bem, cara Lídia – falou Yusef. – Cada fruto desses representa o legado de gerações que nutriram a terra sem jamais saborear a doçura do próprio trabalho.

Sobekotep soltou um riso discreto e sorveu-se de um longo gole de vinho, atraindo a atenção da mesa para si.

– Meu caro Yusef, minha cara Lídia, digam-me. – O homem pousou a taça delicadamente sobre a mesa. – Qual é a lógica de dedicarmos nossas vidas ao trabalho árduo se jamais teremos o prazer de desfrutar dessa laboriosa jornada? Me intriga como você, caro Yusef, ainda consegue encontrar tempo para a sua própria família quando passa praticamente o dia inteiro se dedicando ao povo que mal sabe pronunciar o seu nome.

A provocação pairou no ar por um instante. No entanto, como um bom professor, Yusef voltou o olhar sereno para Lídia, como se torcesse para que a aluna retrucasse.

– Bom... – A jovem se ajeitou sobre a almofada, acanhada. – Eu acho que, se cada um de nós viver só pensando em si mesmo, o que vai sobrar para quem vier depois?

– Muito bem, Lídia – falou Yusef. – Sabe, um grande amigo certa vez me disse que, quando o mestre está disposto a se dedicar e até a se sacrificar pelos alunos, ele os inspira a seguirem o mesmo caminho, criando um ciclo de respeito e crescimento como nenhuma outra relação. Esse meu amigo chamava isso de "liderança servidora". Quando você segue um bom exemplo, você se torna um.

Foi a vez de Merit, a mulher do casal de idosos, participar do debate:

– Eu lhe pergunto então, caro Sobekotep, o que é mais valioso: o doce instante em que saboreamos uma tâmara ou a eternidade de vidas que essa semente pode nutrir no futuro? – questionou ela, voltando-se então para Lídia. – Podemos escolher o que queremos *agora* ou o que queremos na *vida*. Por isso, nunca se esqueça: quem não aguenta dizer não para o imediatismo está fadado a dizer sim para o arrependimento.

– Nós somos mais do que meros consumidores de prazeres, Sobekotep, somos jardineiros do tempo, cultivando o amanhã – complementou Azenat, esposa de Yusef. – E se não lutarmos pelo futuro que queremos, teremos que aceitar o futuro que vier.

– Ora, mas por que se preocupar com um futuro que você pode nunca vir a testemunhar? – retrucou o homem esguio. – Veja, Lídia, você é jovem, linda, inteligente e cheia de vida! Por que não desfrutar o agora, aproveitar o momento em vez de suar pelo futuro de pessoas que, sinceramente, nem sequer saberão o seu nome?

– Eu... Eu não acho que é sobre renunciarmos o momento, mas sim... – Lídia pensou por um instante. – É quase como se fosse um presente para o futuro, um investimento na prosperidade de quem ainda nem nasceu.

Quando a gente colhe uma tâmara, é como se estivéssemos na verdade colhendo o tempo das muitas pessoas que vieram antes de nós, as pessoas que cuidaram daquela terra com a esperança de que aquilo seria parte de algo maior... O meu pai chama isso de "comprar o tempo".

PODEMOS ESCOLHER O QUE QUEREMOS AGORA OU O QUE QUEREMOS NA VIDA. POR ISSO, NUNCA SE ESQUEÇA: QUEM NÃO AGUENTA DIZER **NÃO PARA O IMEDIATISMO** ESTÁ FADADO A DIZER SIM PARA O ARREPENDIMENTO.

– THIAGO NIGRO

– "Comprar o tempo"... – repetiu Sobekotep, servindo-se de mais vinho. – Amei a expressão, o seu pai me parece um sujeito fascinante...

– É, eu tenho ouvido bastante isso recentemente. – Lídia encarou o guisado de lentilhas no seu prato. – Para ser honesta, eu e ele não temos conversado muito nos últimos tempos.

– Ah, que lástima ouvir algo assim, minha cara... – Sobekotep balançou a taça para soltar o aroma do vinho. – Sabe, eu confesso a você que também tenho uma relação complicada com o meu pai... As relações familiares são como o Nilo... capazes de trazer vida, mas também a destruição, não é?

– Acho que sim... – disse a jovem, passando os dedos sobre o bracelete de ouro em seu punho. – Às vezes é difícil ver o amor dele por trás de tantas expectativas.

– Eu não pude deixar de reparar nessa peça extraordinária que você tem aí. – Sobekotep se inclinou para a frente.

– Ah, sim, este reló... – Lídia se corrigiu. – Este *bracelete* foi um presente de aniversário de dezoito anos que o meu pai me deu.

– É verdadeiramente belo, mas... eu percebo uma certa hesitação na sua voz? – indagou o homem.

Lídia inspirou fundo, encarando o pequeno disco solar ao centro do bracelete.

– É... na verdade, às vezes eu me sinto um pouco envergonhada de usar algo tão ostentoso, especialmente quando estou com meus amigos, que não têm as mesmas... *condições* que eu, digamos – falou a jovem.

Sobekotep sorriu, um sorriso que tinha tanto de encantador quanto de inquietante.

– Entendo perfeitamente – disse ele, a voz suave, quase um sussurro. – É quase como se fosse... uma *algema de ouro*, não é?

Um lembrete constante das exigências do mundo do seu pai, prendendo-a a uma vida que talvez não seja a que você escolheria para si mesma. Oh, não me olhem assim, eu sei que devemos honrar nossos pais e mães, contudo... o que fazer quando essas mesmas mãos que deveriam nos guiar acabam nos restringindo? A pressão de continuar um legado pode esmagar o mais robusto dos caniços, não concorda? Não seria mais fácil desistir dessa busca árdua por aprovação e encontrar o seu próprio caminho?

Lídia deu de ombros, disfarçando a mágoa que aquela conversa havia lhe causado. Notando a dor, Azenat pousou a mão no ombro da menina.

– Toda relação pode ser reparada, minha cara – falou a esposa de Yusef, lançando um olhar desaprovador para Sobekotep. – É na família que encontramos a nossa força.

Nebamon, o marido do casal de idosos, emendou:

– Nossa família, por exemplo, teve início há cinco gerações, com modestos, mas astutos, vendedores de leite de cabra nas planícies poeirentas nas terras de Urim, região dos Sumérios – disse o senhor. – Eles foram os verdadeiros arquitetos, ou *jardineiros*, melhor dizendo, da nossa família. Suas sementes cresceram e floresceram, e, com o passar das gerações, essas mesmas sementes foram levadas pelo vento, pelo destino, até este fértil solo do Egito, transformando esse legado em um nome respeitado entre os mercadores de animais, tecidos finos e especiarias raras.

Lídia quase se engasgou com um pedaço de pão. Seria mesmo possível que ela estivesse diante dos prósperos descendentes de Sira e Kubaba?

Antes que ela pudesse ponderar mais sobre aquela probabilidade, Yusef ergueu sua taça de vinho.

– Queridos, devo confessar a vocês que Lídia, nossa convidada de honra hoje, é filha de um grande amigo do meu passado – disse o governador, o tom da voz tão cativante quanto a refeição que os presentes saboreavam. – Na escuridão da prisão onde vocês sabem que fui injustamente trancafiado por anos, aquele guarda me ofereceu uma improvável chama de amizade. Eu e os outros prisioneiros, assim como os próprios sentinelas, o chamávamos de "o homem que comprava o tempo", pois sua habilidade de enxergar e ensinar os caminhos da prosperidade era ímpar. E ele fazia questão de partilhar seu conhecimento com qualquer um que desejasse aprender... incluindo este que vos fala. Seu pai acreditava que compartilhar sua compreensão sobre a riqueza não diminuía seu tesouro, pelo contrário, o multiplicava. E foi essa visão que cimentou o nosso companheirismo, tão sólido quanto as pedras que formam as nossas pirâmides.

– Todo mundo que eu encontro parece conhecer o meu pai melhor do que eu. – Lídia sentiu um nó desagradável se formando na garganta.

– Oh, minha querida – disse Azenat, pousando a mão sobre a dela.

– Eu prometo, Lídia, que farei tudo ao meu alcance para encontrá-lo – falou Yusef.

– Com licença, pessoal, eu... – Lídia foi incapaz de concluir a frase, os olhos se enchendo de lágrimas enquanto ela se levantava e deixava o salão de jantar.

Lídia perambulou pela residência do governador do Egito até encontrar um cômodo que parecia ter sido arquitetado para reflexão e repouso. O chão, coberto por tapetes de lã fina em tons de azul profundo e vermelho-terra, carregava padrões que narravam histórias de viagens distantes.

Sob o tecido delicado de suas roupas, ela sentiu o contorno firme da Tábua do Tempo, a metade de um todo, um elo com o pai que agora parecia tanto um estranho quanto um guia. Longe dos olhos curiosos do jantar, ela segurou o artefato nas mãos, refletindo sobre a jornada inacreditável que tinha sido a sua vida até então.

Foi quando a presença de alguém interrompeu sua solitude.

A princípio, Lídia pensou ser o anfitrião do evento, oferecendo conforto. Ao invés disso, Sobekotep cruzou a soleira do aposento.

– Ah, é... *você*. – A jovem não escondeu a decepção, mas ocultou a Tábua do tempo de volta nas vestes.

– Sim, eu. – A figura sorriu, e Lídia achou que aqueles eram os dentes mais alinhados que ela já tinha visto. Especialmente para alguém de uma época em que ainda não haviam inventado o aparelho dentário. – Sabe, jovem Lídia, assim como você, eu já me vi dividido entre o amor e a rebeldia, entre a admiração pelo meu pai e o desejo de trilhar o meu próprio caminho... Não seria a rebelião também um ato de amor? Um desejo ardente de se tornar mais do que somos, na esperança de que, no final, nosso valor seja reconhecido?

O olhar do homem foi atraído pela chama de uma lâmpada de óleo próxima, como se ela pudesse iluminar os cantos escuros de sua memória.

– Houve um tempo em que eu e meu pai estávamos... "do mesmo lado da mesa", digamos, parceiros em um grande empreendimento – prosseguiu Sobekotep. – Ele, com suas ideias e princípios imutáveis, e eu, sempre buscando inovar, desafiar... Essa divergência de visões acabou por nos separar, era inevitável. Ele manteve o negócio familiar, enquanto eu... Eu trilhei o meu próprio caminho, e hoje tenho o meu próprio lugar.

– Fico feliz por você – disse ela, o olhar perdido nos padrões coloridos dos tapetes do aposento.

– Me perdoe se a aborreci no salão de jantar, minha cara, mas eu estava tentando lhe mostrar que a estrada entre pais e filhos é pavimentada com pedras da sabedoria e da adversidade – falou Sobekotep, a voz carregada de uma estranha melancolia. – Como bem disse a esposa de Yusef, mesmo entre as areias movediças da discórdia, há sempre a chance de encontrarmos um oásis de entendimento. Talvez... Talvez eu e meu pai estejamos distantes dessa reconciliação, mas eu sinto que essa separação é consideravelmente curta para você e o seu velho pai.

– Bom, para isso eu precisaria encontrá-lo primeiro, o que anda meio difícil, sabe? – Ela tocou a sua metade da Tábua do Tempo sob o vestido. Notando o semblante intrigado de Sobekotep, a jovem disfarçou como se estivesse desamassando a roupa. – Eu... p-peço desculpas, mas preciso ir. Me lembrei de um compromisso urgente.

Sem esperar por uma resposta, Lídia deixou o homem sozinho no aposento e apressou-se para fora da casa de Yusef, seus passos ecoando na quietude da noite egípcia.

Lá fora, o céu já dava sinais de inquietação, com o vento erguendo a poeira das ruas, formando um véu cada vez mais denso no ar. Sem um pano para proteger os olhos entreabertos, Lídia cobriu o rosto com as mãos e seguiu na direção do palácio do faraó. Em poucos instantes, uma cortina espessa de areia encobriu tudo ao redor, reduzindo drasticamente a visibilidade e transformando a noite num turbilhão opaco. As ruas de pedra e construções agora se confundiam num borrão amarelado.

Emergindo da névoa, uma silhueta fez Lídia se sobressaltar; tratava-se de uma mulher envolta em tecidos brancos que a guardavam da fúria da tempestade.

– Por favor – perguntou Lídia, alto o bastante para ser ouvida acima do rugido do vento. – Como chego ao palácio do faraó?

A mulher inclinou-se ligeiramente para a frente e apontou firmemente para uma direção onde, por um breve momento, a tempestade pareceu afrouxar.

– Siga o caminho que o vento molda, querida, e não o que ele obstrui – disse a figura, as palavras claras cortando a tempestade como uma lâmina afiada. – Mas lembre-se de que, para quem não sabe o que quer, qualquer caminho serve.

E então a mulher seguiu na direção contrária, desaparecendo no manto denso tão rapidamente quanto surgira.

Caminhando pelo que lhe pareceu uma eternidade, Lídia mal conseguia distinguir formas ou caminhos na tempestade, o vento uivando em seus ouvidos, misturando-se aos pensamentos confusos sobre as descobertas daquela noite. De súbito, a jovem viajante do tempo se deparou com uma grande parede rochosa; tateando e dando a volta na estrutura, a jovem descobriu, surpresa, a entrada de uma pequena caverna, onde decidiu se abrigar. Ainda que não fosse o palácio, a câmara oferecia uma calma surpreendente, se comparada ao caos do lado de fora, e Lídia aproveitou para se sentar com as costas apoiadas na parede fria, fechar os olhos por alguns instantes, recuperar o fôlego e acalmar a mente na escuridão.

SIGA O CAMINHO
QUE O VENTO MOLDA,
E NÃO O QUE ELE OBSTRUI,
MAS LEMBRE-SE DE QUE, PARA
**QUEM NÃO SABE O QUE QUER,
QUALQUER CAMINHO SERVE.**

– THIAGO NIGRO

Abraçando os joelhos contra o peito, a jovem deixou que seus pensamentos se voltassem para sua mãe e sua avó; centenas de anos no futuro imaginando onde ela e seu pai estariam. A ideia das duas solitárias naquela mansão, olhando para o telefone e esperando uma ligação que nunca viria, apertou seu coração e fez com que a preocupação se voltasse para o pai – igualmente perdido em alguma linha do tecido do tempo.

Haveria um retorno para ambos, ou estariam destinados a vagar pela história, eternamente em busca de uma saída que talvez não existisse?

Não.

Lídia soltou o ar dos pulmões lentamente, um exercício que seu pai havia lhe ensinado, ainda criança, para se acalmar. E as circunstâncias daquela lição vieram à sua memória como uma nova tempestade; ironicamente, a lembrança de uma viagem muito menos estranha e traumática.

Aos doze anos, Lídia visitara a Índia com os pais. Maravilhada com aquela terra de cores vibrantes e cheiros intensos, a criança se assombrou ao ver um morador local montando um magnífico elefante – com sua força descomunal, a enorme criatura parecia totalmente sob o controle do homem diminuto em suas costas. Indagando ao pai como aquilo era possível, ele então falou:

– Bom, filha, nós funcionamos como esse elefante e esse homem. Dentro de nós, há duas forças: uma poderosa, mas incapaz de nos dar direção, e uma fraca, difícil de ser ouvida... e que nos dá a direção certa.

"Elas são as forças da carne e do espírito. Veja: este elefante, se decidisse fazer apenas a sua própria vontade, provavelmente agora estaria causando um caos na cidade. Mas, graças ao homem que está acima dele, o elefante é capaz de andar entre toda essa terra cheia de cheiros intensos, comidas e barulho.

"Da mesma forma, nosso corpo é uma verdadeira máquina – mas, se ouvirmos apenas as vontades dele, sem acessar nosso espírito e nossa razão, vamos sucumbir às nossas emoções. Pois o nosso corpo não hesitará em pedir para comermos além do necessário, para gastarmos além do que precisamos, e para desistirmos quando não podemos.

"Lembre-se: dome o elefante dentro de você, e nunca o contrário. Para isso, cale a voz da sua carne, e escute a voz do seu espírito."

De volta à caverna, Lídia abriu os olhos, enxugou as lágrimas e respirou fundo, sentindo a ansiedade, assim como a tempestade, se despedindo. Ela não podia desistir – não enquanto houvesse qualquer chance de rever seu pai e, de algum modo, encontrarem o caminho de volta para casa.

Colocando-se de pé, Lídia se surpreendeu ao notar que já era dia lá fora.

– Como é possível? – murmurou ela, se encaminhando para a saída do abrigo. Semicerrando os olhos contra a intensa claridade, ela levou alguns instantes para se dar conta de onde exatamente se encontrava.

O sol matutino se erguia no horizonte alaranjado do deserto egípcio, um infinito mar de areia que se estendia em todas as direções, brilhando com uma intensidade cegante. Perplexa, Lídia girou lentamente, tentando orientar-se, mas não avistou o palácio ou qualquer sinal de estrutura urbana.

O calor escaldante e o silêncio intimidador do deserto a fizeram recuar alguns passos, buscando a sombra reconfortante da entrada da caverna. Como aquilo era possível? Teria ela caminhado tanto a ponto de se afastar da cidade daquela maneira?

Frustrada, a jovem tirou a Tábua do Tempo de dentro das vestes.

– Por que está fazendo isso comigo?! – Lídia encarou, frustrada, a relíquia de argila.

Foi então que um movimento ao longe capturou sua atenção.

No início, era apenas uma pequena perturbação na linha do horizonte – uma sombra solitária se movendo contra o apocalíptico carpete alaranjado. O coração da menina acelerou, motivado por uma esperança súbita. *Meu pai*, pensou ela, observando a figura se aproximar vagarosamente. *É ele!!*

Não. Havia algo errado.

O calor que ondulava acima da areia escaldante distorcia a silhueta, desenhando contornos confusos e pregando peças nos olhos semicerrados de Lídia. A cada piscada da jovem, a sombra parecia se alongar, braços e pernas retorcidos de forma impossível, como os galhos de uma árvore podre do deserto.

Lídia engoliu em seco.

Conforme a figura se aproximava, a viajante do tempo começou a perceber os detalhes que aos poucos dissiparam sua esperança inicial; tratava-se de um homem, sim, mas seu porte era mais esguio e sua caminhada tinha uma cadência diferente, mais calculada que a de seu pai.

Parando em frente a Lídia, o homem removeu o turbante que lhe cobria a cabeça e parte do rosto.

– Eu chego como a estrela da manhã para guiá-la de volta ao lar – falou Sobekotep, os lábios finos esticados em um sorriso cortês.

– O que você está fazendo aqui? – perguntou Lídia, estupefata. Portando uma bolsa de couro pendurada ao lado do corpo, o homem esguio trajava um longo manto negro de linho fino, protegendo a pele dos implacáveis raios solares; a vestimenta denotava não apenas um entendimento profundo do ambiente árido, mas também uma elegância que parecia zombar daquelas condições adversas.

– Então foi aqui que se escondeu a nossa ovelha desgarrada? – Sobekotep adentrou a caverna em busca das sombras. Na mão esquerda, um cajado de madeira escurecida o ajudava a se locomover.

– E-eu... – Lídia gaguejou. – Eu me perdi ontem à noite, depois do jantar, a... a tempestade, eu...

– Oh, sim, sim, nós ficamos preocupados depois que você saiu apressada da casa de Yusef e a tempestade começou, foi por isso que vim à sua procura. – O homem pousou a bolsa no chão e se acomodou sobre um conjunto de pedras ao fundo da câmara.

– O quão longe estamos da cidade, afinal? – perguntou Lídia.

– Longe, minha querida, longe – disse ele, servindo-se de um gole de água da moringa. – Me permita algum tempo de descanso neste refúgio sombrio e logo, logo prometo que a guiarei de volta para casa. Está com sede?

Relutante, Lídia guardou a Tábua do Tempo de volta sob as vestes e aceitou a oferta. Sobekotep pacientemente a assistiu matar a sede antes de voltar a falar:

– Então... – Ele estendeu a mão ossuda para recuperar a moringa. – O que achou do nosso breve jantar na residência de Yusef?

– Foi... *informativo*, eu acho. Todos foram muito gentis, especialmente o governador. – Lídia voltou a se sentar com as costas contra a parede, de frente para a nova companhia. – Acho que agora eu entendo por que o faraó o admira tanto, não só como conselheiro, mas como pessoa...

– Uma manobra e tanto, especialmente considerando que Yusef foi um dia um reles prisioneiro, não concorda?

Lídia suspirou, organizando os pensamentos.

– Sim, e eu o admiro ainda mais por isso – falou ela, a voz cheia de convicção. – O que mais me impressiona é que Yusef não chegou onde está apenas por suas habilidades políticas, ele chegou lá, em grande parte, por causa da maneira gentil e digna como tratou as pessoas, mesmo quando estava em uma posição em que não tinha nada além de correntes.

– Você vê dignidade em respeitar aqueles que o mantêm encarcerado injustamente? – Sobekotep ergueu as sobrancelhas.

– Bom, o mundo dá voltas, e as sementes que plantamos nas sombras amanhã podem estar recebendo a luz do sol – respondeu ela, surpresa com a própria sabedoria. – Ele tratava todos ao seu redor com respeito, fossem guardas ou companheiros de cela. Ele nunca sabia quem o ajudaria, quem o trairia, mas, mesmo assim, continuou a semear gentileza. E veja onde ele está agora.

Sobekotep a encarou, inclinando o rosto intrigado. Aproveitando o instante de silêncio, a jovem emendou:

– O que foi mesmo que Yusef disse que você faz da vida? Com o que exatamente você trabalha?

Sobekotep desviou o olhar, um sorriso enigmático brincando nos cantos de sua boca.

– Ah, Lídia, você poderia dizer que eu sou um... *facilitador* – respondeu ele, a voz tão suave quanto o tecido de suas vestes. – Eu ofereço oportunidades aos que têm a ambição necessária para buscá-las. Na vasta tapeçaria do Egito, minha influência se estende por todos os cantos, tocando desde o mais humilde camponês até o trono do faraó.

– E por que as pessoas pedem tanto assim a sua ajuda?

– Oh, há tantas razões... – Sobekotep sorriu, um sorriso que parecia conter séculos. – Porém, se há algo presente em quase todos os meus clientes, é que estão todos perseguindo a ilusão da riqueza.

– Como assim? – Lídia franziu o cenho.

– Porque a ganância é a ruína dos tolos, minha cara, e a riqueza, para alguns indivíduos, nunca passará de uma miragem – explicou ele, gesticulando teatralmente para o deserto lá fora.

– Como um ilusório oásis dourado, cada passo em sua direção faz com que ele desapareça, ou se projete em um outro horizonte. E essa frustração faz com que passem a crer que a riqueza é algo reservado a uns poucos privilegiados, uma falsa justificativa amarga demais para engolirem... e é então que eles vêm a mim.

– E o que você oferece?

Sobekotep ergueu os olhos para a jovem, o meio-sorriso brincando nos cantos de seus lábios finos.

– Eu ofereço a beleza, a saciedade e os sabores reais do oásis que eles tanto sonham – falou o homem, recostando em seu improvisado assento rochoso. – A verdade *amarga* é que o sucesso exige uma série de sacrifícios que nem todos estão dispostos a pagar; é preciso sacrificar a mediocridade, sacrificar a necessidade de sermos queridos, o perfeccionismo, o conforto presente... Grandes líderes não são talhados em ambientes comedidos, como seu pai muito bem sabe.

Lídia olhou para o bracelete de ouro em seu punho, a ilusão que a Tábua do Tempo criara para o relógio caro que o pai lhe dera de presente.

– Às vezes, eu acho que esse é exatamente o mal que alguém como o meu pai corre o risco de provocar – disse ela. – A ilusão de que todos podem alcançar o que ele conquistou.

– Oh, sim, e eu estou certo de que você não quer que as pessoas olhem para você dessa mesma forma, principalmente tendo nascido em um *berço de ouro* – falou Sobekotep. – É como dizem, "o dinheiro é a raiz de todo o mal". Quem pode culpá-la por querer distância disso?

Pensativa, Lídia esboçou um sorriso tímido, instigando a curiosidade do acompanhante.

– Eu disse algo engraçado, minha cara? – indagou Sobekotep.

– Não, é que eu... Eu me dei conta de que o meu pai adoraria debater com você – falou ela. – Sabe, isso que você diz sobre perseguir a miragem me lembra algo que eu cresci ouvindo ele dizer...

Meu pai diz que a maioria das pessoas são pobres não porque faltam recursos, mas porque elas têm uma visão deturpada sobre o que é o dinheiro.

"Assim como em qualquer plantação, antes de colher os frutos, é preciso plantar. Mas, quando falamos de dinheiro, muitos o veem apenas como fruto – sem perceber que ele também é uma semente.

"Em outras palavras, as pessoas se concentram tanto no fruto do dinheiro, representado pelo status, ostentação e tudo o que ele pode proporcionar, que acabam gastando todo o seu dinheiro perseguindo essas coisas. O que não percebem é que, para ter mais dinheiro, é necessário plantar esse dinheiro – ou seja, investir, em vez de gastar.

"Ele chama isso de 'a armadilha da romã'. Na romã, o que vemos como fruto são pequenas cápsulas cheias de suco, chamadas de arilos, que envolvem as sementes no centro. Como fruto e semente estão intimamente ligados, comer uma romã significa ingerir o fruto e a semente juntos, porque separá-los é trabalhoso.

"Para o meu pai, o dinheiro é como a romã: ele é tanto fruto quanto semente. Cada vez que gastamos dinheiro, tomamos uma decisão de não investir. Para ter dinheiro em abundância, é preciso renunciar ao consumo e plantar essa semente. Infelizmente, a maioria faz o contrário: consome as sementes, esperando tirar proveito apenas do fruto.

CADA VEZ QUE GASTAMOS DINHEIRO, TOMAMOS UMA DECISÃO DE NÃO INVESTIR. **PARA TER DINHEIRO EM ABUNDÂNCIA, É PRECISO RENUNCIAR AO CONSUMO E PLANTAR ESSA SEMENTE**. INFELIZMENTE, A MAIORIA FAZ O CONTRÁRIO: CONSOME AS SEMENTES, ESPERANDO TIRAR PROVEITO APENAS DO FRUTO.

– THIAGO NIGRO

"Essas pessoas sempre correrão atrás do dinheiro e nunca de fato o terão, tornando-se verdadeiramente escravas, tendo que trabalhar arduamente a vida toda para ter apenas um valor ínfimo do que elas poderiam ter caso tivessem seguido o caminho da semeadura."

Sobekotep balançou a cabeça.

– Lídia, não me diga que você, uma jovem tão astuta, acredita que a riqueza é então uma questão de... – O homem relutou em completar a frase, como se proferir a palavra final fosse como um gole de vinho avinagrado. – Uma questão de sacrifício?

– Não, eu estou dizendo que é uma questão de ter a mentalidade certa – disse ela.

– O grande embuste na vida do pobre é que ele foi ensinado a não pensar nas consequências futuras de seus atos – Sobekotep recostou-se novamente, entretido com as próprias palavras. – Ele foca o prazer imediato, o *êxtase* do momento da compra... Ele acha que está tomando decisões, mas, na verdade, está sendo guiado por impulsos primitivos... E quando isso se torna um hábito, ah, é aí que reside a verdadeira armadilha. Ele se endivida, preso em um ciclo de escassez e desespero, eternamente perseguindo algo que nunca alcançará. Porque cada compra, cada *prazer* momentâneo o afasta mais e mais da verdadeira liberdade que acredita estar comprando...

– ... E "esperando a riqueza cair do céu" – falou Lídia, como se citasse uma frase do pai.

– Exato – falou Sobekotep. – O falso inconformismo do pobre, reclamando constantemente de suas mazelas, porém nunca fazendo algo para escapar de onde está... a não ser queimando o pouco dinheiro que tem em apostas e jogos que nunca lhe trarão retorno. E, como você mesma disse, pessoas como o seu pai gostam de pregar por aí que todos podem enriquecer se usarem dos mesmos "truques" que ele usou para acumular dinheiro.

– Espere, eu não disse isso. – Lídia se ajeitou no chão frio da caverna. – Eu posso discordar da importância que meu pai dá ao dinheiro, mas ele não usa nem ensina "truques" para se ficar rico.

Ele ensina as pessoas sobre as regras desse mundo, e não a trapaceá-las.

Eu o vi fazendo isso a vida inteira, inclusive recentemente, nesta... *viagem*. E ele...

Lídia tocou a Tábua do Tempo escondida sob as vestes.

– Ele estava tentando me ensinar também, mas eu o afastei ainda mais – disse ela.

– Minha cara, eu conheço a natureza humana como ninguém... – falou Sobekotep. – Nesta vida existem dois tipos de pessoas que vão decepcioná-la: as pessoas mais próximas de você, e aquelas em quem você deposita mais expectativa... No primeiro caso, a culpa está nos outros, mas, no segundo caso, a culpa é inteiramente *sua*.

O seu pai não estava fazendo isso por você, ele estava preocupado com o legado dele, pois sabe perfeitamente que uma criança sem instrução é capaz de destruir uma fortuna construída através de gerações.

– N-não, não, ele... – Lídia tirou a sua metade da Tábua do Tempo da roupa e a encarou com os olhos marejados.

– Mas que artefato curioso é esse que você tem em seu poder, minha cara? – O homem se inclinou para a frente.

– Ah, isso... Isso foi outro presente do meu pai, um mais recente... – respondeu ela, a emoção ainda presa na garganta.

– Um presente incompleto, me parece, partido, cheio de culpa... – Sobekotep disse. – Diga-me, Lídia, qual foi a última coisa que você disse ao seu pai, antes que ele partisse?

A jovem estremeceu ao ouvir aquela pergunta.

Sua memória a resgatou de volta para a noite em que seu pai desaparecera, Lídia respondendo as perguntas dos policiais que atenderam ao chamado. O rosto, o sorriso, a voz; como era possível que Lídia não o tivesse reconhecido até aquele momento?

Aquele homem à sua frente era o parceiro da oficial de cabelos prateados.

Como se estivesse ciente da revelação, Sobekotep abriu um sorriso satisfeito e recostou no assento improvisado; as rochas irregulares projetavam sombras macabras na parede da caverna, criando a ilusão de que ele não estava simplesmente sentado sobre um aglomerado de pedras, mas em um trono grotesco, esculpido não pela natureza, mas por forças antigas que Lídia era incapaz de compreender.

– Ah, a humanidade... Criaturas de poeira estelar, confinadas aos grilhões do Tempo, sempre em busca de redenção de seus erros – disse o homem.

– Q-quem... Quem é você? – perguntou Lídia, se levantando. Ela manteve a Tábua do Tempo contra o peito, um escudo instintivo contra aquela figura enigmática.

– Ah, eu agora entendo por que ela gostou de você – falou Sobekotep, relaxado como um soberano malévolo em seu trono profano. – Sabe, Lídia, eu já ajudei muitas pessoas a escaparem deste deserto, a se *reencontrarem*. E você, bom, você sempre teve sonhos, ambições..., mas está acorrentada a um legado que nunca pediu, implorando pela aprovação de alguém que não acredita no seu talento... Mas *eu* acredito no seu talento, Lídia. Imagine como seria se o seu trabalho fosse reconhecido e celebrado, sua arte transcendendo o tempo, imortalizada para sempre!

– E... qual seria o preço disso tudo? – perguntou ela, se esforçando para manter a voz firme.

– O preço? – Sobekotep inclinou-se levemente para a frente. – Fazer o mesmo que seu pai fez com você: *esquecê-lo*. Em quantos aniversários ele prometeu estar presente, mas deu prioridade a alguma viagem de negócios? Quantas apresentações você fez no seu colégio, procurando pelo rosto dele na plateia? Ele não precisa de você, Lídia, nunca precisou... Acha que o seu pai terá alguma dificuldade de enriquecer de novo, onde quer que este artefato decida colocá-lo para sempre? Acredite em mim, ele ficará bem, esqueça-o...

Lídia deu um passo receoso na direção da saída da caverna.

– Ele é meu pai – falou ela, a metade da Tábua do Tempo firme nas mãos. – Ele pode ter cometido erros, sim, mas isso não muda o fato de que ele me ama. E eu... Eu não quero nada de você, eu só quero encontrar o meu pai e voltar para casa com ele.

Como um castelo de areia na maré alta, o sorriso de Sobekotep rapidamente se desmanchou.

– Vejo que a teimosia é um traço de família. – O homem voltou a recostar em seu trono rochoso, amargo e abraçado pelas sombras. – Entretanto, como o meu próprio pai certa vez me ensinou, o tempo é um tecido intrincado em que cada fio tem o seu lugar... e este tecelão estará lá quando os nossos fios se cruzarem novamente, minha cara.

A Tábua do Tempo subitamente se acendeu nas mãos de Lídia, que, instintivamente, fechou os olhos.

CAPÍTULO 6

BAVA METZIA

DIA 1 – PRISÃO REAL DE MÊNFIS, BAIXO EGITO

"Não construa uma balsa no rio e depois corra atrás da passagem. Aceite o pagamento daquele que é rico, deixe passar aquele que é pobre."

– Antigo provérbio egípcio

Minha filha,

Pouco depois de terminar de escrever as páginas anteriores deste diário, fui mais uma vez abraçado pela luz fantasmagórica da minha metade da Tábua do Tempo. Catapultado da rica tapeçaria de cores da Mesopotâmia, aterrissei desorientado sob um céu de um azul intenso, apreciado através das grades de uma janela estreita. Lá fora, me deparei com estruturas imponentes desafiando a própria gravidade com sua grandeza e escala; pirâmides, enormes e majestosas, erigidas sob o olhar vigilante de uma esfinge enigmática, não me deixaram dúvidas sobre o meu então novo endereço: o antigo Egito – ou “terra negra”, como eles mesmos o chamam aqui, em referência ao solo fértil às margens do Nilo.

Lá estava o seu velho pai, um homem comum, caminhando entre as sombras das civilizações que formaram os alicerces do mundo.

Não tão glamoroso assim é o novo palco onde a Tábua do Tempo me colocou; o interior fedorento de uma prisão, um contraste gritante com o clima ameno e os aromas acolhedores da casa humilde de Sira e Kubaba. Contudo, diferentemente da minha chegada na Mesopotâmia, não fui tomado pelo pânico quando me dei conta de onde estava, mas pelo ímpeto de avaliar minhas próprias roupas e descobrir a nova “vida” que o artefato havia me reservado; felizmente, a armadura leve, junto do cinto que portava símbolos de autoridade, não deixava dúvidas de que eu não era um prisioneiro, mas, sim, um dos guardas da prisão. Observando cuidadosamente os outros sentinelas, passei a imitar a postura e o modo de falar desses homens mal-encarados, que – da mesma forma que na minha última viagem – felizmente me enxergam e ouvem como se eu fosse um deles. Aos poucos, fui capaz de estimar que eu esteja no Segundo Período Intermediário do Egito (mais ou menos entre 1650 e 1550 antes de Cristo).

O que terá provocado este segundo “salto” no tempo?

Estaria eu experimentando uma continuação do “efeito colateral” do acidente com a Tábua do Tempo, como teorizei nas páginas anteriores? Como uma televisão quebrada que muda de canal aleatoriamente, estará a relíquia simplesmente me jogando para diferentes pontos do tempo e espaço, sem lógica ou intenção? Ou estou sendo guiado por algum “poder maior”, uma força ou entidade que vê em mim o potencial para desempenhar um papel específico nessas viagens históricas?

Poderia eu então avançar nesta estrada cronológica até retornar ao meu lar e rever você e sua mãe? Ou o antigo Egito é o meu amargo destino?

Não posso pensar dessa forma. Devo manter a esperança. Contudo, se mais viagens são possíveis, como posso desencadeá-las? Será algo que eu precise fazer, ou falar? Talvez pensar? Até que eu descubra, nada me resta senão focar o presente. Irônico.

DIA 9 – PRISÃO REAL DE MÊNFIS, BAIXO EGITO

Minha filha,

Te escrevo agora de uma das salas de descanso das sentinelas, onde também tenho passado minhas noites. Esta não é uma prisão qualquer, mas um local especial, destinado àqueles que cometeram crimes contra o governo (os antigos egípcios não tinham prisões como nós as entendemos). Ainda assim, o ar aqui é pesado, e os corredores ecoam com os murmúrios dos encarcerados. Para passar o tempo e diminuir o peso da solidão, comecei a conversar com os homens atrás das grades; neles, encontrei histórias de vida que ultrapassavam qualquer narrativa que os guardas sonolentos possam me oferecer. Dentre as muitas escolhas e circunstâncias que os conduziram a este triste confinamento, as de um homem judeu chamado Yusef capturaram minha atenção de maneira singular.

Eu o conheci durante uma das minhas monótonas rondas matutinas, quando o flagrei em um momento de contemplação silenciosa, sentado à beira da cama, a atenção fixa em um pequeno grupo de formigas no canto de sua cela. Aquela cena imediatamente me lembrou de você, ainda criança, espiando fascinada as formiguinhas no sítio do vovô. "Olha a fila que elas fazem, papai", você gritava, animada.

De coração aquecido pela lembrança, perguntei ao prisioneiro o que tanto o fascinava naquelas criaturinhas.

"As pessoas acham que o segredo da vida se encontra nos olhos das grandes esfinges, quando na realidade basta que observemos os pequenos espetáculos da natureza", respondeu Yusef.

"E que segredos essas formiguinhas te dizem agora?", perguntei (e não me orgulho de dizer que com um tom de sarcasmo).

"Eu acredito que nossas amigas mostram que o destino dá sentido à caminhada", disse o prisioneiro. "Se elas fossem humanas como nós, imagine como seria. Hoje elas estão trabalhando, mas amanhã talvez ficassem com preguiça, ou talvez achassem que já fizeram o bastante, ou questionassem se elas não deveriam estar 'curtindo a vida' um pouco... Mas não: elas sabem que o inverno vai chegar, e esse destino é tão claro quanto a sua própria existência. Por isso, elas trabalham dia após dia, sem descanso, até que, quando o inverno chega, a resiliência delas traz a recompensa do conforto.

As formigas nos ensinam a não nos esquecermos do nosso destino e, curiosamente, que a caminhada em si é tão importante quanto o destino final... mas há algo especial nesse ensinamento para nós, humanos."

Intrigado, eu me aproximei das barras sujas da cela.

"Existe um tempo certo para as coisas, o momento do trabalho e do descanso. Porém, e se a formiga ficar tão presa ao trabalho, que passe a trabalhar no verão e no inverno? Ou se aquela que gosta tanto do descanso descansar no inverno e continuar com a mesma atitude no verão?", prosseguiu ele, observando o ritmo inato da fileira de formigas. "A primeira estaria tão focada no caminho que perderia o seu destino. A segunda estaria tão focada no destino que a falta de caminho a mataria. No fim, as duas teriam uma vida medíocre."

A CAMINHADA EM SI
É TÃO IMPORTANTE QUANTO
O DESTINO FINAL.

– THIAGO NIGRO

“Isso me faz lembrar a última discussão que tive com minha filha, Lídia”, eu falei.

“Por que diz isso, amigo?”, ele perguntou, finalmente se virando para me encarar. Apesar de novo, seu rosto parecia marcado pela vida, cada linha parecendo contar uma história de superação, traição e sabedoria inata.

“Durante anos eu mergulhei fundo nas minhas responsabilidades profissionais, acreditando que estava garantindo o futuro e o bem-estar da minha família”, respondi. “O primeiro desses objetivos foi, de fato, alcançado, mas essa dedicação inabalável ao trabalho me roubou momentos preciosos ao lado daqueles que eu mais amo… momentos que, uma vez perdidos, não podem ser recuperados.”

Yusef inspirou lentamente, como se compadecesse da minha dor. Ele então falou:

“Sei que muitas vezes existem momentos que parecem que nunca voltarão, ou oportunidades que deixamos passar e que nunca mais passarão na nossa frente”, falou o prisioneiro com sua voz serena. “Antes de parar nesta prisão, eu tinha uma família. Quando estava com eles, tive sonhos onde me vi em uma posição de grande poder, e entendi que aquilo era uma promessa de Deus para mim. Então meus irmãos, com inveja, me venderam como escravo. Já se passaram mais de dez anos, e em vez de estar governando, estou preso. Eu poderia achar que o meu destino era governar, até que esse destino foi destruído quando fui vendido. Sendo sincero, várias vezes fui dormir crendo nisso. Mas, em outros momentos… eu alimento a minha fé. Fé para acreditar que o que eu estou passando é um processo para suportar o meu destino. Estou certo de que, seja qual for a distância entre você e sua filha… Lídia, o nome dela, correto? Sim, seja qual for a distância que há entre vocês, tenho certeza de que, se ambos tiverem fé, o que vocês passaram é um processo para que seja construída uma estrada capaz de ligar seus corações um ao outro…"

Vendo o semblante de Yusef indicar que ele mesmo passara a refletir e duvidar do seu próprio conselho, decidi que era minha vez de retribuir o acalento que ele havia me oferecido:

"Meu caro, me permita ver se aprendi algo com você e suas amigas de seis pernas", brinquei eu. "Considere as formigas durante o inverno ou a chuva, 'presas' dentro de suas colônias. Mesmo confinadas, elas não veem esse tempo como perdido. Não, elas trabalham, se organizam e se preparam para o sol que virá. Assim como elas, cada momento seu aqui pode ser uma chance de fortalecer o seu espírito, a sua mente. E quando você sair deste lugar, e eu creio que sairá, estará mais preparado, não apenas para enfrentar o mundo lá fora, mas também para prosperar nele."

"Sim, você tem razão", disse Yusef, abrindo um sorriso que pareceu dissipar a sombra ao seu redor. "Mesmo na restrição, há espaço para crescimento. Farei dos dias que tenho não uma contagem regressiva, mas uma oportunidade para me tornar mais forte, mais sábio. Obrigado, caro sentinela."

Veja, Lídia, que, da mesma forma que fazemos com as pequenas coisas, eu havia subestimado a sabedoria daquele indivíduo simplesmente pelo fato de ele estar do outro lado das grades. Abismado, indaguei o que o havia levado ao cárcere. Yusef então me contou sobre como fora traído e vendido como escravo, acabando neste lugar não por crimes que cometeu, mas por ser fiel à sua moral e seus princípios. Sim, a maioria dos presos insiste na própria inocência, mas aposto que, se você também pudesse encará-lo e ouvi-lo, filha, entenderia o motivo da minha crença em suas palavras.

Aquele diálogo improvável deu início a uma amizade improvável. A resiliência e a fé de Yusef, inabaláveis diante das adversidades em que ele se encontra, me inspiram a refletir sobre minha própria jornada e sobre as lições que eu poderei levar de volta ao meu tempo – pois também tenho fé de que conseguirei retornar.

DIA 14 – PRISÃO REAL DE MÊNFIS, BAIXO EGITO

Minha filha,

A mente do seu pai, como você sabe, está sempre absorvendo a sabedoria daqueles ao nosso redor sob um olhar empreendedor. Com meu amigo Yusef não foi diferente, após a nossa conversa sobre suas pequenas companheiras de cela.

Sem dúvida, as formigas são a encarnação perfeita da palavra "disciplina". Elas seguem um padrão que lhes garante sucesso: são mestres no que fazem, cada uma servindo a um propósito maior que si mesmas. Formam uma comunidade sólida, trabalham no calor do verão para garantir que sobreviverão ao frio do inverno, resolvem problemas que, em tamanho e complexidade, superam em muito suas capacidades individuais. Essa disciplina, essa habilidade de se antecipar ao futuro, de se preparar para o que ainda não aconteceu, é essencial para qualquer um que deseja construir algo duradouro.

Mas há algo que refleti depois que conversei com Yusef. Existe uma coisa que as formigas não têm. Algo que, em nós, seres humanos, nos permite ir além de excelentes operários: o questionamento. As formigas não questionam, elas seguem o que está programado, sem jamais parar para pensar se há uma maneira diferente de fazer as coisas. A disciplina é um ingrediente essencial, sim, mas apenas isso não basta para alcançar algo grandioso. É preciso mais: o que eu chamo de "segundo grau de pensamento".

O segundo grau de pensamento é o recurso que nos leva a fugir do óbvio. É o que nos faz parar e questionar o caminho padrão. Nos faz pensar em alternativas, em soluções que a maioria jamais consideraria. E é isso que separa o operário do aprimorador. O operário executa bem o que lhe foi ensinado; ele domina o modelo de negócio criado por outra mente. Já o aprimorador, esse é capaz de olhar para o modelo e enxergar falhas, possibilidades de melhoria. Ele toma decisões que fogem da maioria e, por isso, colhe resultados diferentes, muitas vezes superiores.

Aqueles que se inspiram no comportamento das formigas, mas carecem desse segundo grau de pensamento, estão destinados a serem ótimos operários, e nada mais.

A disciplina é o alicerce, mas sem o questionamento, sem essa habilidade de pensar além do que está à nossa frente, seremos apenas bons em repetir o que já foi feito. E repetir o passado nunca criou um futuro extraordinário. A disciplina pode nos levar longe, mas é o questionamento – o segundo grau de pensamento – que nos ergue acima da multidão.

A DISCIPLINA É O ALICERCE, MAS SEM O QUESTIONAMENTO, SEM ESSA HABILIDADE DE PENSAR ALÉM DO QUE ESTÁ À NOSSA FRENTE, SEREMOS APENAS BONS EM REPETIR O QUE JÁ FOI FEITO. E REPETIR O PASSADO NUNCA CRIOU UM FUTURO EXTRAORDINÁRIO.

– THIAGO NIGRO

DIA 22 – PRISÃO REAL DE MÊNFIS, BAIXO EGITO

Minha filha,

Disfarçado como um dos guardas, eu caminho diariamente pelos corredores sombrios desta prisão, o som dos grilhões ecoando contra as paredes de pedra. A Tábua do Tempo me cobriu com o manto do anonimato, mas o peso dos meus próprios pensamentos só é aliviado quando tenho a oportunidade de conversar com meu amigo Yusef.

Hoje, nossa conversa enveredou por um tema que me é caro: o destino dos negócios. Estávamos debatendo a forma como os impérios caem, quando Yusef perguntou-me: “E os negócios, meu amigo? Fora deste cárcere os grandes mercadores têm tido sorte melhor?”.

“Veja bem, caro Yusef, a meu ver todo negócio tem três destinos possíveis”, falei eu. “Ele pode quebrar – o que é mais comum, até entre os mais grandiosos. Pode ser herdado pelos filhos, mas também nesse caso, na maioria das vezes, acaba desmoronando. Ou pode ser vendido, o que, na verdade, costuma ser o melhor destino.”

“Não seria melhor manter o negócio na família, por muitas gerações, em vez de vendê-lo?”, Yusef perguntou.

“A questão é que os negócios que não podem ser vendidos são aqueles que dependem demais de quem os criou”, respondi. “Imagine o homem que controla cada detalhe, que cuida de cada pequeno aspecto de seu empreendimento. Ele pensa que é senhor de seu império, mas, na verdade, é escravo dele.

Quanto mais o negócio cresce, menos tempo ele tem. Ele perde as folgas, os fins de semana, o tempo com a família. Quanto maior se torna o império, mais ele é consumido por ele."

"Agora, se você constrói um negócio com o objetivo de um dia vendê-lo, Yusef", prossegui, "você cria algo que não depende de você. Você monta uma estrutura sólida, com líderes competentes, processos bem definidos. O negócio segue seu curso, mesmo sem o fundador estar lá. E, no fim, o verdadeiro prêmio não é somente o ouro ou as riquezas, mas a liberdade que isso traz."

Yusef, com sua perspicácia usual, acrescentou: "Então, o segredo não está apenas em construir, mas em construir algo que possa viver sem o criador?".

"Sim", respondi, sem hesitar. "Um império que só sobrevive enquanto o imperador respira não é um império, é uma prisão. Mas quando você constrói algo que pode ser vendido, você constrói algo que não depende de você, algo que traz liberdade, não só para o fundador, mas para todos que dele fazem parte."

Eu falava para Yusef, mas senti que as palavras eram para mim mesmo. Pensei em como desejei que você, Lídia, um dia pudesse herdar os meus negócios – um que não fosse obrigada a carregar como um fardo, mas que, se quisesse, poderia comandar sem se sacrificar. Nunca quis que você seguisse os meus passos por obrigação, nem queria que sentisse o peso das minhas decisões, como se sua vida estivesse predeterminada pela minha.

O **SEGREDO** NÃO ESTÁ APENAS EM CONSTRUIR, MAS EM **CONSTRUIR** ALGO QUE POSSA VIVER SEM O CRIADOR.

– THIAGO NIGRO

Eu de fato a preparei para ser livre? Para escolher o que fazer com o legado que eu construí, sem que ele a prendesse?

Enquanto me afastava da cela de Yusef, a lança pesando nas minhas mãos, a prisão parecia mais sufocante do que nunca. Não eram apenas os muros que me cercavam, mas as correntes invisíveis que eu mesmo criei ao longo dos anos. E a esperança, minha única esperança, é que, quando chegar a hora, você, minha filha, possa decidir o seu próprio caminho, sem ser forçada a carregar um império que nunca desejou.

Porque, no fundo, o que sempre desejei para você – mais do que sucessos, mais do que riquezas – é a mesma coisa que busquei em minha própria jornada: liberdade.

DIA 33 – PRISÃO REAL DE MÊNFIS, BAIXO EGITO

Minha filha,

Os dias na prisão têm sido longos, mas estranhamente frutíferos. Entre as poucas conversas que consigo manter com Yusef, sempre há algo que me faz refletir. Nos últimos dias, tenho ponderado sobre o povo ao qual ele pertence – o povo judeu, ainda sem uma identidade distintiva neste ponto da história onde a Tábua do Tempo me colocou, mas cuja força e sabedoria já podem ser discernidas por este intrépido viajante do tempo.

Por meio de Yusef, percebo que, mesmo sem uma terra que pudessem chamar de sua, sem os símbolos ou a estrutura que mais tarde definiriam sua identidade, a essência dos judeus – sua resiliência, fé profunda e compromisso com a comunidade e a aprendizagem – já estava firmemente enraizada. É uma lembrança de que a identidade de um povo transcende as fronteiras geográficas ou políticas; ela é construída nas crenças compartilhadas, nas tradições orais, na sabedoria passada de geração em geração e, acima de tudo, na capacidade de perseverar diante de adversidades inimagináveis.

Neste momento do tempo, no limiar entre o que é conhecido e o que não é registrado, a presença de Yusef e suas histórias me permitem vislumbrar o nascimento de uma identidade que, com o tempo, se tornaria um dos pilares fundamentais da civilização humana. A sabedoria que ele compartilha, que parece fluir de uma fonte antiga e profunda, é um testemunho da rica herança espiritual e intelectual que caracteriza o povo judeu.

Conhecendo o seu velho pai, você bem sabe do meu apreço pelos inevitáveis paralelos entre a sabedoria antiga e as estratégias financeiras contemporâneas. Pois há uma passagem do Mishná, a primeira parte do Talmud (uma compilação das leis e tradições orais do judaísmo), por exemplo, que ilustra uma estratégia financeira que, apesar da simplicidade, é possivelmente uma das mais seguras e rentáveis da história – trata-se do 3º capítulo do Bava Metzia, que aconselha: "Uma pessoa deve sempre dividir seu dinheiro em três: ela deve enterrar um terço no solo (ou seja, investir em terras), investir um terço em negócios e manter um terço em sua posse".

Eu tinha mais ou menos a sua idade quando o meu avô me mostrou essa passagem, e ainda me lembro de como fiquei impactado sobre como essa recomendação milenar ressoa com uma clareza e relevância surpreendentes no contexto moderno. A divisão do capital em três partes distintas – investimentos em ativos tangíveis como a terra; empreendimentos comerciais para crescimento; liquidez imediata – reflete uma compreensão profunda da importância de diversificar os investimentos para mitigar riscos e garantir uma base financeira sólida.

Investir um terço em terras (o equivalente moderno de "enterrar no solo") é uma estratégia de segurança, já que a propriedade de terras raramente perde valor de forma significativa e, muitas vezes, valoriza com o tempo. Isso oferece uma base estável e segura, um refúgio em tempos de turbulência econômica.

Já investir outro terço em negócios reflete a necessidade de buscar crescimento e gerar renda. Esse investimento em empreendimentos comerciais, sejam eles quais forem, permite que o capital trabalhe ativamente, aumentando a chance de retornos financeiros significativos. Essa é a parte da estratégia que busca o crescimento, a expansão do patrimônio.

Manter o terço restante em posse, líquido, garante que, em caso de necessidades ou oportunidades imediatas, existam recursos disponíveis. Essa liquidez imediata é crucial para cobrir despesas inesperadas ou aproveitar oportunidades de investimento que possam surgir repentinamente.

Terra, negócios, reservas. Essa estratégia, em sua essência, encapsula a sabedoria do equilíbrio – a diversificação não apenas dos tipos de investimento, mas também dos objetivos de cada um deles: segurança, crescimento e liquidez. Em um mundo onde as incertezas financeiras são uma constante, essa abordagem traz uma mensagem de prudência, perspicácia e preparação.

"Um mundo de incertezas", de fato. Sabe, quando a sua mãe ficou grávida de você, o seu avô me disse: "Filho, quando a Lídia nascer, você vai descobrir pela primeira vez na vida o que é sentir medo". Deus, como ele estava certo. As tempestades da vida são inevitáveis, e só estarão preparados aqueles que comprarem seus guarda-chuvas quando ainda nem estiver nublado.

Talvez meu amigo Yusef me dissesse que se trata de construir uma arca quando todos dizem que não vai chover.

AS TEMPESTADES DA VIDA SÃO INEVITÁVEIS, E SÓ ESTARÃO PREPARADOS AQUELES QUE COMPRAREM SEUS GUARDA-CHUVAS QUANDO AINDA NEM ESTIVER NUBLADO.

– THIAGO NIGRO

Da mesma forma que Noé fez, desenvolver um pensamento anticíclico nos permite construir nossas próprias "arcas" financeiras e pessoais para nos abrigarmos e protegermos o que é valioso durante os dilúvios econômicos e as crises da vida. A prática de comprar roupas de inverno no verão ou de investir em renda fixa quando o mercado está eufórico com ações são exemplos de como podemos aplicar esse pensamento. Trata-se de agir com base em uma compreensão profunda de ciclos e tendências, e não meramente em reações emocionais ao que é imediatamente aparente. Trata-se de comprar a mesma quantidade de tempo por um preço menor.

Você nunca terá resultados diferentes fazendo o que a maioria das pessoas faz.

No entanto, ainda que essa reflexão que eu escrevi aqui em cima seja impactante, ela, por si só, não é suficiente para gerar uma transformação verdadeira. Não são frases bonitas, mas, sim, as nossas ações que moldam o nosso destino, que transformam o potencial em realidade. Porém, agir, especialmente de forma contrária às normas e expectativas populares, exige uma dose considerável de coragem.

E o que é coragem senão ir contra as nossas próprias emoções, confrontar e, muitas vezes, renegar crenças que nos foram incutidas desde a infância? Crescemos em sistemas que nos moldam para seguir certos caminhos e acreditar que outros são impossíveis para "pessoas como nós". Questionar esses caminhos e optar por uma rota menos percorrida requer não apenas visão, mas também uma disposição para enfrentar o destino que o mundo nos coloca.

Eu sempre achei que o maior risco reside em permanecer estagnado, em se conformar com o *status quo*... Mas, após minha conversa com Yusef, acredito que o maior risco não é só a estagnação, e sim perder a fé de que é possível viver algo melhor do que isso. A estagnação nos faz parar, mas a falta de fé torna o caminhar impossível – e tira de nós o prêmio que nos espera, mas que perdemos por simplesmente desacreditar na sua possibilidade.

Eu quero que você encontre o seu prêmio, filha. E espero que os conselhos que escrevo aqui, inspirados nas antigas lições que citei, fortaleçam os alicerces sobre os quais a nossa família construiu não apenas a nossa segurança financeira, mas também o legado de sabedoria e prudência para as gerações futuras, a começar por você.

Lembre-se: investir em conhecimento não se resume a ganhar mais dinheiro no futuro, mas, sim, a economizar tempo até lá. E aqueles que acham que esse investimento é alto demais pensam dessa forma pois desconhecem o custo da ignorância.

Não querer pagar o preço agora os fará pagar com juros no futuro.

A ESTAGNAÇÃO NOS FAZ PARAR, MAS A FALTA DE FÉ TORNA O CAMINHAR IMPOSSÍVEL.

– THIAGO NIGRO

CAPÍTULO 7

VENI, VIDI, VICI

Um estrondo ensurdecedor fez com que Lídia voltasse a abrir os olhos, o coração por pouco não lhe escapando dos lábios junto ao grito que ela foi incapaz de conter. Ainda segurando a sua metade da Tábua do Tempo contra o peito e com o perturbador sorriso de Sobekotep na mente, a jovem permaneceu imóvel, piscando desorientada em seu novo mundo de caos e penumbra.

O segundo relâmpago clareou o claustrofóbico convés inferior da embarcação onde ela se descobriu, projetando sombras malignas sobre os rostos sofridos dos remadores; sentados lado a lado através das longas fileiras de bancos, mais de uma centena de homens seminus, de idades variadas, moviam-se em sintonia, seus músculos entumecidos contra o implacável mar revolto. Em algum lugar da escuridão, um tambor poderoso ecoava o ritmo do trabalho através da madeira úmida.

De pé no corredor entre os assentos, Lídia tossiu contra o mau cheiro do suor e do óleo queimando nas lanternas que balançavam no teto baixo – acima dele, a menina podia ouvir os gritos abafados da tripulação, suas vozes erguendo-se acima dos trovões. A jovem olhou para baixo e se deu conta de que suas roupas haviam novamente se transformado; ela agora trajava um vestido modesto sem mangas, o tecido branco decorado com bordados floridos. Anéis de madeira adornavam seus dedos, brincos de pérola emolduravam seu rosto – que mais uma vez havia se metamorfoseado para o de uma outra pessoa. Novas sandálias de couro lhe protegiam os pés, os cadarços cuidadosamente entrelaçados em torno das panturrilhas. No lugar do relógio caro do pai – até há pouco o bracelete de ouro que chamara a atenção de Sobekotep –, o acessório era agora uma pulseira de couro entrelaçado, com fios de bronze e pequenos discos de metal, robusto e ao mesmo tempo elegante.

Lídia guardou a Tábua do Tempo sob as vestes e, em seguida, passou a mão nos cabelos, descobrindo que tinham sido alterados em um arranjo intrincado de nós e tranças seguras por pinos precisos.

– Se um dia eu conseguir voltar para casa, a única coisa de que vou sentir falta serão esses novos penteados – falou a jovem baixinho, para si.

– Ei, quem é você? – perguntou uma voz áspera atrás dela.

Quando Lídia se virou, encontrou um enorme sujeito trajando uma armadura prateada, a couraça ornamentada espelhando a chama bruxuleante das lamparinas. Com um olhar severo, ele examinou a jovem, a mão apoiada casualmente no punho do gládio embainhado à cintura. Sob o outro braço descansava um belo capacete de plumas vermelhas, encharcadas pela chuva.

– Perguntei quem é você – insistiu o homem.

– E-eu... eu... – balbuciou Lídia, olhando ao redor. Trajando vestes esfarrapadas, um escravo movia-se entre os remadores carregando um jarro d'água e um balde com algum tipo de ração que a jovem não soube identificar. Com um misto de exaustão e resignação, os homens aceitavam o sustento, o gosto do sal ardendo em seus lábios ressecados.

– Como foi que entrou nesta embarcação, mulher? – o soldado elevou o tom de voz.

Exausto e desequilibrado pelo movimento do navio, o escravo tropeçou e derramou a água fria do jarro sobre os pés do sentinela. Praguejando, o homem se virou para açoitar o escravo, que se encolheu ante a ameaça. Aproveitando o momento de distração, Lídia correu em direção às escadas que levavam ao convés superior.

Arfante, a jovem alcançou o convés, e o cheiro acre de água salgada imediatamente irritou suas narinas. A embarcação dançava violentamente sob a ira da tempestade, um frágil construto de madeira e ferro contra a fúria dos deuses. Ondas, tão negras quanto as plumas de um corvo, se atiravam aos lados do navio, ameaçando tragá-lo para o abismo abaixo. A tripulação gritava – alguns em súplica, outros amaldiçoando os deuses – lutando para garantir a integridade das velas.

Lídia cambaleou através do convés. A chuva chicoteou seu rosto, impulsionada por um vento que parecia conter a ira dos deuses. A madeira escorregadia roubou seu equilíbrio e ela teria tombado, não fosse um braço forte que a segurou firme.

O homem a encarou, inflexível, um gigante de bronze em meio ao caos. A armadura, uma obra de arte adornada com leões e flores, se agarrava ao seu corpo como uma segunda pele, pesada pela chuva e indicadora de seu posto de autoridade.

Desesperada, Lídia o mordeu no braço. O homem apenas contraiu os lábios, em seguida transformando-os em um sorriso – um sorriso intrigado, tão firme quanto os dedos que a mantinham refém.

Antes que Lídia pudesse tentar algo mais, o soldado de quem ela havia escapado surgiu no convés, ofegante e acompanhado de outro colega.

– Comandante, peço desculpas pela confusão – disse ele, fazendo uma breve saudação. – Essa menina surgiu misteriosamente entre os remadores. Estamos tentando descobrir como ela chegou aqui.

Com um aceno de cabeça, o homem a entregou aos soldados.

Conduzida de volta às escadas que levavam ao deck inferior, a viajante do tempo lançou um último olhar para trás. Ignorando a mordida no braço, o comandante apoiou-se num dos mastros e gritou a plenos pulmões:

– Permaneçam firmes, homens, firmes! – sua voz cortava o uivo do vento. – Já resistimos a desafios piores! Controlem as velas e peçam a Netuno que nos poupe! Honra e virtude!!

– Liderança e Império! – responderam os mais bravos da tripulação.

Lídia foi levada até a área de estoque de comida, onde sacas de grãos estavam empilhadas até o teto, criando um labirinto de provisões e equipamentos. Um dos soldados fez um gesto para que a prisioneira se sentasse numa das sacas, e ela obedeceu, sentindo a superfície áspera enquanto eles se posicionavam de forma a bloquear qualquer tentativa de fuga.

Não demorou muito para o comandante se juntar ao grupo no deck inferior, sua presença imponente fazendo os subalternos se endireitarem.

– E então? – ele os inquiriu.

– Comandante Plautius, ela deve ter se esgueirado a bordo quando partimos da Britânia – um dos homens teorizou. – Talvez seja uma espiã, planejando envenenar nossa água, sabotar a nossa campanha.

– O quê? Não, eu não sou uma espiã – retrucou Lídia, a voz trêmula, mas decidida.

– Ela fala a nossa língua e se parece conosco, e não com os nativos das ilhas – disse Plautius, ajoelhando-se em frente à prisioneira. – Então, mulher, me conte como veio parar em um navio de guerra romano.

Ah, então estou entre os romanos, pensou a jovem, finalmente se situando.

– Eu... Eu embarquei no navio porque estava procurando o meu pai – disse Lídia. – Ele é um dos soldados, e eu... eu tinha medo de que ele morresse na... na guerra.

– Estamos voltando para casa – disse Plautius. – Está me dizendo que se esgueirou neste navio à procura do seu pai quando partimos para a Britânia, e só a encontramos agora, quando estamos retornando? Está me dizendo que ficou esse tempo todo escondida?

Engolindo em seco, Lídia confirmou com a cabeça. Pensativo, o comandante passou os dedos sobre a marca da mordida que ela havia deixado em seu braço.

– Vocês a revistaram? – Ele lançou um olhar severo para os legionários. Quando os homens se entreolharam, acanhados, ele então gritou: – Então o façam, ora!

Eles obedeceram, vasculhando as vestes da menina até encontrarem a Tábua do Tempo, entregando-a para o comandante. Lídia, percebendo o perigo iminente de perder o único meio de voltar para casa, começou a falar rapidamente:

– Por favor, isso é apenas um presente do meu pai, não é o que vocês estão pensando…

Mas Plautius ergueu a mão, fazendo com que ela se calasse. Intrigado, ele examinou os símbolos através da textura do estranho objeto. Em seguida, mirou a jovem com os olhos gelados.

– Já encarei muitos espiões nesta vida – disse o gigante de bronze, entregando a Tábua do Tempo para o sentinela. – Mas hoje afirmo que o que temos aqui é apenas uma criança. Uma criança mal-educada e estúpida, mas não uma espiã.

O comandante se levantou.

– Espalhem a palavra pelo navio, encontrem o pai da nossa clandestina – ordenou Plautius, se encaminhando para a saída. – Caso o bastardo irresponsável não esteja conosco, mantenham-na aqui até que cheguemos à costa, e então a libertem.

Os homens obedeceram, deixando Lídia a sós com o sentinela designado para vigiá-la, um rapaz com uma cicatriz profunda que lhe cortava a bochecha. Com a Tábua do Tempo enfiada no cinturão, ele montou guarda à entrada do pequeno espaço onde a jovem estava confinada, o olhar ocasionalmente deslizando para a prisioneira enquanto a tempestade lá fora amansava.

Não demorou muito até que dois outros indivíduos se aproximassem. Centuriões de idade entre 35 e 40 anos, cujas feições e posturas refletiam a experiência adquirida em incontáveis campanhas. O jovem sentinela, visivelmente sonolento, endireitou-se rapidamente ao notar a aproximação dos superiores.

– Senhores? – perguntou ele, disfarçando o bocejo.

– Onde está a coisa? – sussurrou um dos recém-chegados, um homem robusto de barba salpicada de fios grisalhos. Seu colega era calvo e mais esguio, as sobrancelhas grossas franzidas ao estudar a prisioneira com fascínio.

– Que coisa, senhor? – O sentinela esfregou os olhos, afastando o cansaço.

– O objeto que a clandestina tinha quando a encontraram – insistiu o homem, apontando para Lídia. – Mostre-nos, vamos.

Receoso, o sentinela tirou a Tábua do Tempo do cinto e a mostrou aos dois homens. Eles se entreolharam.

– Eu não disse, Aulus? – O oficial de barba cutucou o colega magrelo, de forma amistosa. – Eu te disse que era a metade daquela peça!

Lídia se levantou da saca onde estava sentada.

– Espera, vocês já viram um objeto como esse? – perguntou ela.

– Fique quieta! – O guarda de cicatriz a empurrou para que voltasse a se sentar.

– Eu sou Lucius, e este é meu irmão, Aulus – o centurião barbado os apresentou a Lídia. – Dois dias depois que zarpamos da Britânia, nós conhecemos um soldado neste navio... Um homem estranho e melancólico que falava pouco, mas que, quando falava, parecia saber de coisas... coisas das quais não deveria saber.

– E ele carregava a outra metade deste artefato. – Aulus apontou para a Tábua do Tempo em posse do sentinela.

– É o meu pai, só pode ser! – exclamou Lídia. – Por favor, digam-me onde ele está!

Os centuriões se entreolharam.

– Nós não sabemos. – Lucius coçou a barba. – Faz duas noites que nós não o vemos. Provavelmente estamos nos desencontrando, há mais de trezentos homens nesta embarcação.

– Ou ele bebeu demais e caiu no mar no meio da noite – provocou o sentinela, esticando a cicatriz da bochecha em um sorriso maldoso.

– Caído no mar? – Aulus negou com a cabeça calva. – Não, não, alguém teria visto, ou... ou escutado ele gritar.

Lídia, entretanto, não se deixou abalar por aquela hipótese; considerando o padrão que aprendera acerca de sua fantástica viagem até então, ela presumiu que, caso seu pai de fato não se encontrasse mais no navio, isso significaria que ele tinha simplesmente "saltado" para outra linha temporal.

De qualquer forma, ela precisava ter certeza.

– O que os senhores querem dizer com "ele parecia saber de coisas das quais não deveria saber"? – indagou o guarda.

Foi Lucius, cuja robustez era suavizada pelos olhos pensativos, que começou a explicar:

– Nós o conhecemos ao final do primeiro dia de viagem, como eu disse. Ele estava sozinho, apoiado na balaustrada e contemplando o horizonte. Entediados e, devo confessar, depois de algumas cervejas, decidimos abordá-lo e pedir sua opinião sobre uma questão eterna entre nós. Pois bem, eu sempre disse que a *força* é o maior atributo de um romano, enquanto meu irmão Aulus aqui defende que a *inteligência* e o *carisma* são as verdadeiras chaves para abrir todas as portas.

– Então caminhamos até ele e perguntamos: "Ei, colega, quem você acha que vence na vida: o mais inteligente, o mais forte, ou o mais carismático?" – Aulus imitou a seriedade jovial com que haviam feito a pergunta. – A resposta de seu pai nos emudeceu. "Nenhum deles", disse, o olhar ainda perdido no mar.

"A pessoa que vence na vida é aquela que busca a sabedoria."

O soldado encarregado de vigiar Lídia franziu as sobrancelhas.

– Que tipo de resposta é essa? Sabedoria não é a mesma coisa que inteligência? – indagou ele.

Lucius explicou:

– O pai desta jovem nos explicou que a sabedoria navega entre a inteligência, a força e o carisma, e ela sabe criar o incentivo correto para que cada uma dessas qualidades prospere.

"Ele então nos deu um exemplo: imagine que você está em meio a uma batalha. Há dois homens ao seu lado: um deles é conhecedor de todas as táticas militares e com uma mente ágil para pensar em estratégias complexas. O outro, um veterano mais velho, que não tem o mesmo conhecimento técnico, mas sobreviveu a muitas campanhas e sabe exatamente quando atacar, quando recuar e como manter a tropa unida em momentos de caos. Inteligência é a habilidade do primeiro soldado de entender rapidamente as táticas e calcular as melhores formas de vencer uma batalha, mas a sabedoria está no segundo, que tem a experiência e o discernimento para saber quando seguir ou mudar o plano. Ele entende as nuances do campo de batalha, conhece os sinais do inimigo e sabe que às vezes a melhor vitória é evitar a luta naquele momento. Assim, a inteligência te diz como lutar, mas a sabedoria te diz quando e se vale a pena lutar.

A INTELIGÊNCIA TE DIZ COMO LUTAR, MAS A SABEDORIA TE DIZ QUANDO E SE VALE A PENA LUTAR.

– THIAGO NIGRO

"O segredo está em adquirir sabedoria, pois assim você poderá unir os mais carismáticos, os mais inteligentes e os mais fortes a favor de uma visão comum. Trata-se de fazer com que eles queiram *vender o tempo deles* para você, trabalhar *para* e *com* você, porque veem valor nessa colaboração.

"Seu pai nos disse: 'Tomemos o nosso comandante Plautius como exemplo. Ele certamente não é o homem mais forte ou mais inteligente... e muito menos o mais *carismático* de todo o Império, concordam? Contudo, suas campanhas são um sucesso. Agora substituam força, inteligência e carisma por infantaria, cavalaria e artilharia, e vocês entenderão que o verdadeiro sucesso do exército não vem da habilidade individual de cada um de nós, mas de como essas habilidades são utilizadas juntas, sob o comando unificado e a sabedoria de Plautius. É por isso que estamos aqui, dispostos a obedecer às ordens de nossos comandantes e até a morrer por elas, não é verdade? E por que o fazemos?'."

– Honra e reconhecimento em campo! – respondeu o sentinela, parecendo querer impressionar os superiores. Os centuriões, entretanto, riram do entusiasmo idealista do rapaz.

– Honra e glória podem encher os nossos corações, soldado, mas não enchem as nossas barrigas – falou Lucius.

– Os soldados romanos recebiam... *recebem* pagamento e promoções também, não é? – interpolou Lídia.

– Nossa jovem clandestina aqui tem razão – falou Aulus. – Somos incentivados não apenas com a promessa de honra e prestígio, mas também com salários e até mesmo terrenos ao término do serviço, como é o meu caso e de meu irmão, Lucius, pois estamos finalmente nos aposentando. Isso cria um forte desejo de lutar com valor e dedicação, visando não somente a glória do Império, mas também a recompensa que nos aguarda.

– Ok, agora tenho certeza de que vocês conheceram mesmo o meu pai – falou Lídia. – Ele sempre repete que as pessoas que "vencem na vida" são aquelas que aprendem a orquestrar e recompensar o talento dos outros.

– Exatamente – confirmou Aulus.

– Deixa eu adivinhar qual foi o próximo assunto que ele abordou – falou Lídia. – Ele deve ter perguntado a vocês o que estão planejando para a vida civil, agora que vão se aposentar.

Os centuriões se entreolharam, surpresos.

– Precisamente – confirmou Aulus, entretido pela adivinhação. – Na noite seguinte, comentamos com o seu pai que nós temos um negócio em Oatia, um mercadinho administrado por nossas esposas e nosso único escravo, Demetrius. E, agora que juntamos soldo o suficiente, queremos expandir esse negócio, abrir uma pequena venda próximo à praça.

– Eu, meu irmão e nosso escravo, Demetrius, cuidaríamos desse novo empreendimento, deixando as esposas administrando o mercadinho – emendou Lucius. – O problema é que eu e Aulus, mesmo aposentados, podemos ser convocados pelo Império a qualquer momento, o que nos forçaria a deixar esse novo empreendimento nas mãos de Demetrius...

– Não nos entenda mal, Demetrius está conosco há muitos anos e é um bom escravo, de confiança – falou Aulus. – Porém, a cada dia que passa, nossas esposas nos dizem que ele está mais desanimado, reclama que está trabalhando demais, pede roupas melhores... Ele parece que faz o mínimo! É um eterno desmotivado, e, por conta disso, estamos inseguros de abrir o novo negócio.

– Após escutar as nossas lamentações, o seu pai sorveu um longo gole d'água e então nos disse que tínhamos que... – O centurião de barba grisalha parou um instante para se lembrar da frase exata. – Ah, sim, ele disse:

"Vocês precisam fazer o seu escravo cavalgar na mesma direção que vocês na arena, em vez de na direção oposta".

Quando nos entreolhamos intrigados, seu pai então prosseguiu, dizendo: "Imaginem uma estrada estreita por onde vocês e suas esposas precisam atravessar a cavalo todos os dias. Se todos os dias outro cavaleiro vier na direção oposta, a viagem será sempre lenta e truncada, com discussões frequentes sobre quem deve ceder e quem deve passar primeiro, concordam?".

– Respondemos que sim – disse Aulus a Lídia. – E então seu pai prosseguiu: "Pois o que estou sugerindo é que vocês convidem esse outro cavaleiro a galopar ao lado de vocês nesta metafórica estrada da prosperidade. Em outras palavras: transformem Demetrius em seu parceiro comercial".

– O quê? Mas... isso seria ridículo! – reagiu o sentinela de cicatriz, que até então se resumira a escutar o diálogo. – Libertar um escravo e transformá-lo em... em um sócio?! Escravos são a espinha dorsal da grandeza de Roma!

– Até a espinha mais forte pode partir quando a dobramos demais – Lídia retrucou.

– De fato, o seu pai nos sugeriu que libertemos Demetrius e o convidemos a trabalhar para nós nesse novo empreendimento, passando a ficar com um quarto do lucro semanal, entregando a outra parte para nós – confirmou Aulus.

– Mas como escravo ele trabalharia da mesma forma e o lucro inteiro seria de vocês – disse o sentinela, revoltado. – Por que, em nome dos deuses, vocês cederiam um quarto do lucro para ele?!

– Porque desse jeito, em vez de trabalhar apenas o mínimo para evitar ser maltratado, Demetrius verá que, quanto mais trabalhar, mais lucros ele terá, seu idiota – disse Lídia.

– Cale-se, espiã – rebateu o sentinela.

– A menina tem razão – disse o centurião Lucius, alisando a barba. – Demetrius fará de tudo para que o novo mercadinho prospere, pois não estará motivado pelo *medo*, e sim pela promessa de *recompensa*. O trabalhador movido pelo ganho pessoal será sempre mais produtivo, mais investido no sucesso daquele empreendimento, uma vez que ele é parte diretamente interessada no sucesso do seu empregador.

Pensativo, o sentinela esfregou a cicatriz da bochecha.

– Então... pagar os meus escravos pode me tornar mais rico? – disse ele, incrédulo.

– Exato! – celebrou Lucius. – Trabalhadores motivados inovam, buscam a excelência e, ao fazê-lo, contribuem para a expansão daquele patrimônio que é parte deles.

Um trabalhador satisfeito é um trabalhador leal, e a lealdade, meu caro, é a verdadeira moeda do sucesso duradouro.

– Quando os homens são livres para perseguir as suas ambições, livres para possuir os frutos de seu trabalho, a grandeza é inevitável – concluiu Aulus.

– "Homens livres"... Não, eu... eu não gosto desta conversa. – O sentinela olhou inquieto por cima do ombro. – Homens já foram crucificados por declarações menos controversas. Não se lembram daquele judeu na Calvaria? O Rei dos Judeus?! Ele falou sobre amor e perdão em um mundo onde os fortes passam por cima dos fracos, e o resultado foi a morte pelo seu próprio povo.

– A cruz deveria ser o destino dos rebeldes e traidores, não dos milagreiros – retrucou Lucius.

– E de que adiantam milagres se estamos todos algemados aos caprichos de deuses e imperadores? – indagou o sentinela.

– E estamos? – desafiou Lídia. Aproveitando o silêncio contemplativo que provocara nos homens, ela emendou: – Todas as pessoas que falam a verdade acabam sendo crucificadas, de uma forma ou de outra. A história está cheia de ideias que no início foram rejeitadas, mas que com o tempo se mostraram fundamentais para o avanço do mundo.

– Ah é? – debochou o sentinela. – Me diga uma.

– A jovem tem razão – Lucius interveio. – Quando eu e Aulus reagimos com ceticismo à sugestão do pai dela, ele nos lembrou de que o sistema democrático ateniense, por exemplo, no qual os cidadãos participavam da tomada de decisões políticas, era um conceito que para muitos de nós, romanos, parecia completamente radical. A ideia de que qualquer cidadão, independentemente de riqueza ou status, pudesse ter voz ativa nas decisões políticas parecia, para muitos de nós, uma receita para o caos. E olhe como pensamos diferente hoje.

– Onde foi a última vez que vocês viram o meu pai no navio? – perguntou Lídia, a voz carregada de urgência.

– Foi... na popa? – Aulus trocou um olhar com o irmão, como se buscasse confirmação. – Sim, nós chegamos a vê-lo conversando com o comandante Plautius.

– Por favor, vocês poderiam me levar até lá? – pediu ela, os olhos com uma mistura de esperança e ansiedade. – Se ele ainda está por aqui, eu preciso encontrá-lo!

Lucius colocou a mão no ombro da prisioneira.

– Lídia, não podemos contrariar as ordens do comandante, ele quer você confinada aqui na despensa até chegarmos à costa – disse ele, pesaroso. – Mas prometo que vou falar com ele, contar que conhecemos o seu pai.

– Os outros soldados estão à procura do seu pai – Aulus complementou. – Vamos encontrá-lo, não se preocupe.

Frustrada, Lídia apenas assentiu quando os dois centuriões se retiraram, deixando-a na companhia do sentinela e da Tábua do Tempo confiscada em seu cinturão. A clandestina aproveitou o momento de quietude para organizar seus pensamentos caóticos; desde que tinha surgido a bordo, sua mente não parava de revisitar o estranho diálogo que tivera com Sobekotep – ou quem quer que ele realmente fosse – no deserto do Egito. Lídia era incapaz de se livrar da impressão de que o sujeito com quem ela conversara naquela caverna não era apenas um homem, mas uma força misteriosa e possivelmente maligna, orquestrando um estranho jogo do tempo em que ela não tinha certeza se era jogadora ou peça.

Inquieta, Lídia ergueu os olhos para o sentinela, cuja cicatriz parecia pulsar com uma história própria. Um homem marcado, assim como ela estava se tornando a cada novo capítulo daquela incrível jornada.

Conforme a noite avançava, o cansaço voltou a tomar conta do guarda até que seus olhos pesaram e ele finalmente adormeceu. Vendo sua chance, Lídia se levantou silenciosamente e começou a se esgueirar em direção às escadas, se esquecendo completamente de que a Tábua do Tempo ainda estava em poder do sentinela.

Antes que pudesse alcançar os degraus, entretanto, uma estranha vibração encheu o ar.

Lídia parou e se voltou para trás; o sentinela segurava a Tábua do Tempo nas mãos, tremendo de medo ao vê-la brilhando intensamente, iluminando o ambiente com um tom esverdeado. O homem então a jogou sobre uma das sacas de arroz.

Quando a luz se extinguiu e a vibração cessou, o legionário se virou abruptamente para a prisioneira em fuga, boquiaberto. Lídia, confusa, olhou para si mesma e percebeu que sua aparência havia mudado drasticamente – seu vestido elegante, cabelo, brincos e relógio eram os mesmos que estava usando em sua festa de aniversário quando o artefato a transportara através da história.

– *Proh deum, quid hoc veneficii est?* – gritou o sentinela, pálido como mármore.

Incapaz de compreender o que ele dissera, Lídia tocou o próprio rosto, descobrindo que suas feições também haviam retornado ao normal.

Aterrorizado, o sentinela desembainhou seu gládio e recuou um passo, encarando-a como se fosse um espectro.

– *Quae est haec femina?!* – O sentinela de cicatriz apontou para Lídia. – *Est pythonissam! Venefica!*

Uma súbita rajada de vento extinguiu uma das lanternas do apertado aposento, mergulhando-o em penumbra. Aproveitando a oportunidade, Lídia correu até a Tábua do Tempo e a recuperou, provocando um lampejo de luz ao segurá-la; como num passe de mágica, sua fisionomia e traje voltaram ao de uma mulher daquele período histórico.

Aproveitando o choque e o medo estampado no rosto do sentinela, ela correu para fora da despensa, subindo as escadas em direção ao convés.

A tempestade havia amansado, mas a chuva, o vento e o mar ainda continuavam inquietos. A névoa salgada pairava pesada no ar, cobrindo tudo em um fino filme. Ocupada em manter o controle do navio, a tripulação quase não notou a jovem correndo entre eles.

– Paaai!! – gritou Lídia, enxugando o rosto e desviando dos marinheiros que corriam de um lado para o outro.

O sentinela de cicatriz na bochecha surgiu no topo das escadas, a espada em punho, o olhar varrendo o convés à procura da fugitiva. Desacostumada com o balanço da embarcação, Lídia esbarrou em um marinheiro, caindo ao chão com um grito abafado. A Tábua do Tempo escorregou de suas mãos, deslizando pela madeira molhada do convés. Um soldado apressado chutou acidentalmente o artefato enquanto passava, fazendo-o deslizar para ainda mais longe da jovem. Ela começou a engatinhar desesperadamente em direção ao artefato, mas, antes que pudesse alcançá-lo, outro marinheiro, também ocupado com suas obrigações, chutou outra vez a Tábua, afastando-a ainda mais.

Uma mão firme agarrou a perna de Lídia. Era o sentinela, a cicatriz em seu rosto contorcida pela raiva e o medo do fenômeno que tinha testemunhado na despensa. Com o gládio na outra mão, ele se preparou para perfurá-la, a lâmina brilhando contra as gotas de chuva.

Com uma súbita vibração no ar, a aparência de Lídia foi mais uma vez transformada, retornando-a à de uma jovem do século 21.

Apavorado, o sentinela hesitou, abrindo a oportunidade para que Lídia o chutasse com toda a força nas partes íntimas. O homem gritou de dor e soltou a perna da jovem, dobrando-se sobre si mesmo e largando a espada com um clangor metálico. Lídia rolou agilmente para o lado, se pôs de pé e buscou pelo brilho inconfundível da Tábua do Tempo.

Lá estava ela, emitindo sua luz intensa que cortava a escuridão e a chuva torrencial.

Ignorando o cansaço, Lídia correu até o artefato e o recuperou – instantaneamente uma nova onda de luz emanou da tábua, envolvendo-a em uma aura de energia esmeralda que a transformou mais uma vez, solidificando sua aparência como uma mulher romana. O fenômeno, contudo, não passou despercebido, chamando a atenção de alguns marinheiros.

– Paaai? – gritou Lídia mais uma vez, tropeçando e se desviando de cordas e tripulação.

Ao chegar à popa, ofegante e ensopada, a menina se deparou com a tenda aberta do comandante Plautius, que, ao vê-la, se ergueu do banco onde repousava.

– Que inferno está acontecendo aqui? – questionou ele, vendo o sentinela de cicatriz se aproximar mancando; uma mão na espada, a outra cobrindo as partes íntimas feridas. Dando um passo para fora da tenda, Plautius ordenou com a voz firme: – Guarde sua lâmina, homem, *agora*.

Interrompendo-se a alguns metros da fugitiva, o homem hesitou.

– M-mas, senhor, ela... – o soldado tentou explicar, mas calou-se quando o superior ergueu a mão calejada. A balbúrdia atraiu um grupo de marinheiros.

– Paaai! – gritou Lídia, a voz quase afogada pelo barulho da chuva.

– Você é mais teimosa que as ondas desta tempestade, mulher. – O comandante a mirou com os olhos gelados.

Segurando sua metade da Tábua do Tempo firme nas mãos, Lídia o encarou de volta. Plautius segurou o punho do gládio embainhado, sua verdadeira âncora naquele mar de incertezas.

– Deixem-nos, homens, nossa clandestina acabou de conseguir uma audiência – ordenou ele, fazendo sinal para que a jovem o seguisse para o interior da tenda.

Os marinheiros deram de ombros e retornaram ao serviço. Indignado, o sentinela de cicatriz no rosto mancou para longe, levando os medos e o orgulho ferido consigo.

Ao adentrar a tenda, Lídia se deparou com um ambiente surpreendentemente acolhedor e organizado, seu retiro de descanso e trabalho. O chão estava coberto por tapetes de lã com padrões geométricos que reproduziam a águia romana em sua glória dourada.

No centro da tenda, uma mesa robusta de madeira escura estava coberta de mapas e pergaminhos, alguns parcialmente desenrolados, revelando traçados detalhados de rotas marítimas. Ao lado da cama, um baú de metal ornamentado aberto revelava uma série de objetos pessoais do comandante: uma garrafa de vinho, uma adaga com cabo de marfim, um conjunto de penas e tinta para escrita e um pequeno ídolo de bronze, possivelmente um amuleto de proteção.

Plautius se acomodou em sua cadeira de encosto alto e fez sinal para que Lídia se sentasse em um dos bancos baixos de madeira próximo à mesa. Ela obedeceu, ainda absorvendo cada detalhe do aposento, que parecia contar histórias de batalhas vencidas. Em um dos cantos, um pequeno braseiro aquecia o cenário com sua luz alaranjada.

Lídia sentiu o peso do olhar do comandante sobre ela, em seguida sobre a Tábua do Tempo que ela segurava, e por um momento quase vacilou. Mas então notou algo mudar na expressão do homem, que falou:

– Pouco depois que a deixei sob a custódia daquele incompetente, um dos meus legionários, Lucius, me pediu uma audiência e me confiou que ele e o irmão conheceram seu pai – disse Plautius, recostando-se no revestimento de couro do assento. – Foi somente com a descrição dele que me dei conta de que eu também o conheci. Eu estava supervisionando o treinamento de alguns dos homens no convés, durante uma manhã, quando um legionário de cabelos cinzentos se aproximou de mim e falou: "É quase como se o tempo passasse diferente para esses jovens, não acha, comandante?".

– Soa mesmo como o meu pai – falou Lídia.

– Eu me virei para ele, intrigado tanto pela observação quanto pelo destemor de me abordar daquela forma – prosseguiu Plautius. – E então retruquei, argumentando que: "Assim como a foice de Saturno, o tempo é igualmente implacável com todos os mortais". Seu pai, contudo, discordou, dizendo: "Mas, senhor, quando um jovem soldado treina com um veterano, não é como se estivesse comprando aqueles anos de experiência por um valor mais barato do que se tivesse que passar pelas mesmas experiências que aquele veterano? E, quando o jovem finalmente estiver em campo, espera-se que se torne ainda mais forte do que o professor… E assim, cada geração se torna melhor do que a anterior, comprando o tempo daqueles que vieram antes. Precisamos ensinar aos jovens a não ficarem apenas no técnico, ensiná-los a se cercarem de pessoas melhores do que eles, pois não há força mais aceleradora da transformação do que o ambiente".

– Para o meu pai, o tempo é a moeda mais valiosa que existe – disse Lídia. – De onde eu venho, as pessoas costumam repetir um ditado que diz:

"Diga-me com quem andas e eu lhe direi quem você é". Mas o meu pai sempre preferiu uma outra versão, que diz: "Diga-me com quem andas que eu lhe direi o seu futuro".

– E, aproveitando que estávamos falando justamente do passado e do futuro, perguntei ao seu pai se ele tinha terras esperando por ele, depois que se aposentasse. – Plautius se levantou da cadeira e afastou para o lado os documentos da mesa. – "Compre terras, pois os deuses não farão mais delas", eu aconselhei. Seu pai sorriu e me respondeu que, de fato, adquiriu terrenos ao longo de sua carreira, mas insistiu que "O tempo é mais valioso do que qualquer pedaço de terra que podemos comprar ou conquistar". Naturalmente, eu pedi para que ele explicasse.

O comandante foi até o baú ao lado da cama, de onde tirou a garrafa de vinho e dois copos de madeira.

– Seu pai então me respondeu que o dinheiro, em si, é uma ilusão. – O homem voltou a se sentar à mesa e começou a encher ambas as taças, sem perguntar se Lídia queria beber. – Ele disse: "Imagine, comandante, que um de seus jovens soldados deseja possuir um magnífico cavalo de guerra. Ele vai ao mercado, mas não tem moedas o bastante para comprar o magnífico animal. O comerciante, muito astuto, oferece um acordo. E esse acordo é como um feitiço que pode antecipar o futuro, fazendo com que o jovem soldado possa sair do mercado montando o cavalo dos seus sonhos naquele mesmo dia, e comece a pagar o comerciante só dali a trinta dias, em pequenas parcelas que, somadas, darão um valor maior do que o original. Mas o que realmente aconteceu?".

Plautius ergueu sua taça em respeito à convidada e tomou um longo gole do vinho. Tentando não o desrespeitar, Lídia pegou seu copo e tomou um pequeno gole. Quando terminou, viu que o comandante aguardava que ela lhe respondesse, e então o fez:

– Bom, ao aceitar o acordo, o... "*feitiço*", o soldado vendeu o próprio futuro ao comerciante – respondeu Lídia.

– Exato – disse Plautius, emendando um segundo gole da bebida rubra. – E o comerciante comprou esse futuro por um preço baixo.

O jovem soldado, pela falta de prioridades e planejamento, vendeu seu futuro em troca de um desejo imediato.

– De onde eu venho, isso infelizmente é muito comum. – Lídia pousou o copo sobre a mesa. – É o que a maioria das pessoas acaba fazendo com a vida, vendendo um futuro que ainda nem aconteceu. Ao invés de investir o próprio tempo de maneira a gerar prosperidade, acabam trocando seu tempo por bens imediatos, às vezes até passageiros... sem pensar no custo real dessa troca.

– De fato, a moeda do tempo é a mais valiosa de todas, pois, ao contrário de riquezas ou terras, não pode ser recuperada uma vez que é perdida – disse Plautius. – "Você pode até conquistar terras e riquezas", disse o seu pai, "mas, se gastar todo o seu tempo cuidando dessas posses, venderá o seu bem mais precioso...".

– ... O seu próprio tempo – falou Lídia, pensativa, completando o ensinamento.

O comandante sorriu e então bebeu o resto do vinho de sua taça.

– Me espere aqui, vou ordenar que dobrem o número de homens à procura do seu pai nesta embarcação – falou o enorme homem de armadura, levantando e se encaminhando para a saída da tenda. Antes de sair, ele se voltou para a menina. – Acha que é capaz de me obedecer desta vez?

Entretida pela provocação, Lídia sorriu e confirmou com um aceno de cabeça.

Sozinha nos aposentos do comandante, a jovem finalmente se permitiu respirar aliviada desde que chegara ao navio romano. Passando os dedos sobre a superfície da Tábua do Tempo, ela avaliou o que tinha acontecido durante a fuga do sentinela; bastara que se afastasse do artefato para que a magia do seu disfarce se desfizesse em um instante, retornando suas roupas, fisionomia e língua para as originais. Julgando pela reação do guarda de cicatriz, caso os outros marinheiros também a tivessem visto antes que recuperasse o objeto, Lídia provavelmente teria sido acusada de ser bruxa e atirada ao mar antes mesmo de dizer as palavras "viajante do tempo".

Guardando a relíquia de argila sob as vestes, a menina tirou um momento para admirar os detalhes do aposento que deixara passar quando entrara nervosa. Estandartes romanos pendiam nas paredes de lona, exibindo as águias douradas e os símbolos das legiões. Havia uma pequena estátua de Marte, o deus da guerra, posicionada em um canto da mesa, simbolizando a proteção e a força que guiavam os homens em suas campanhas. Curiosa, Lídia desenrolou um dos pergaminhos sobre a mesa; em destaque, havia um grande mapa da Britânia, com detalhes das costas, rios e áreas de importância estratégica. A tinta fresca e as linhas precisas desenhavam territórios e estratégias de batalha.

– Eu sabia... – veio uma voz na entrada da tenda.

Lídia se virou e se deparou com o sentinela de cicatriz na bochecha, o rosto enfurecido, encharcado pela água da chuva, espiando para o interior da tenda.

– Ei, você... Você não pode entrar aqui – falou ela.

– Eu sabia – repetiu ele, ignorando o aviso e entrando no aposento. Em uma das mãos, a lâmina da espada refletia o rosto assustado da menina. – Você é, sim, uma espiã! E uma *bruxa* também!

O soldado ergueu a espada para atacá-la, mas Lídia rapidamente arremessou a taça de vinho em sua face marcada, desorientando-o. Gritando por ajuda, ela tentou passar pelo homem para escapar, mas ele conseguiu agarrá-la e jogá-la para o fundo da tenda, onde a jovem caiu de costas sobre um conjunto de vasos de barro. Limpando a vista, o homem então se preparou para o golpe fatal.

A Tábua do Tempo se acendeu sob a roupa de Lídia, mais intensa do que nunca. Cego pelo brilho esmeralda, o sentinela cobriu os olhos e recuou, esbarrando na mesa de centro e derrubando a garrafa de vinho sobre o tapete.

Lídia tirou o artefato de dentro das vestes e o segurou, sentindo-o pulsar em suas mãos – quase como se estivesse vivo, consciente do caos que o cercava. Um zumbido baixo aos poucos aumentou de intensidade, tornando-se uma potente vibração que parecia abalar a própria estrutura do navio.

E então, tão repentinamente quanto começou, o brilho e a vibração cessaram. Quando finalmente abriu os olhos, o sentinela cicatrizado se deu conta de que Lídia havia desaparecido da tenda vandalizada do comandante Plautius.

CAPÍTULO 8

MARE NOSTRUM

DIA 1 – MAR MEDITERRÂNEO,
APROXIMADAMENTE ENTRE 40 E 45 d.C.

Minha filha,

Pouco depois de cair no sono na prisão egípcia, despertei com os lábios ressecados de sal e a desagradável sensação de que estava caindo da cama; quando abri os olhos, me agarrei apavorado na balaustrada da gigantesca embarcação em que eu agora me encontro a bordo.

Trajado como um legionário romano neste novo cenário, eu me vejo em meio à cadência rítmica dos remos e do abraço revolto do mar Mediterrâneo. "Mare Nostrum", como meus novos colegas o chamariam se eu pudesse ouvi-los falar em latim. Graças à metade da Tábua do Tempo que carrego comigo, no entanto, eu os ouço perfeitamente na minha língua. E eles me ouvem falando a deles. Toma essa, tecla SAP.

De fato, essa regra da minha fantástica viagem parece cada vez mais clara; da mesma forma que nos períodos históricos anteriores, a minha metade da Tábua do Tempo faz com que as pessoas daqui me enxerguem e ouçam como uma delas. Tenho me perguntado se esse efeito se manteria caso eu me afastasse do artefato, porém esse é um experimento que não pretendo testar tão cedo. Não, tal qual um ator iniciante, eu mais uma vez aceitei esse novo papel que me foi dado e tenho sido um deles desde que a Tábua do Tempo (ou as forças a que ela obedece) me trouxe aqui.

"Aqui." Como nos meus registros anteriores, é sempre muito difícil precisar onde estou. Ou melhor: quando estou. Aposto que entre 40 e 45 depois de Cristo, pois desta vez faço parte da tripulação de um navio do Império Romano durante a campanha de invasão à Britânia. Entre minhas conversas com Yusef e onde estou neste momento, estimo um salto temporal de quase dois mil anos. Acho que perdi alguns aniversários do meu sábio amigo judeu.

Esta é minha primeira noite neste navio. Escrevo agora sob a luz trêmula de um dos poucos lampiões que douram os porões desgastados deste lugar, uma fortaleza flutuante de poder disciplinado. Felizmente, a tripulação não está rumando para a Britânia, mas retornando para "casa" – mais precisamente o porto de Ostia, a primeira grande cidade portuária que serviu a Roma. Pelo que descobri, faço parte do grupo de veteranos a bordo que, após duas décadas e meia de serviço, tem o direito de se aposentar. Imagine meu alívio ao saber que não serei forçado a desembarcar nas praias inimigas e lutar pela minha vida. Graças a Deus. A última vez que precisei brigar com alguém foi com um gordinho no jardim de infância por ele ter roubado o meu dinossauro.

DIA 4 – MAR MEDITERRÂNEO, APROXIMADAMENTE ENTRE 40 E 45 d.C.

Quanto tempo o artefato mágico tem reservado para mim neste período histórico? Ao contrário da regra sobre a minha voz e aparência, o tempo que eu fico em cada lugar tem variado. Na Mesopotâmia, fiquei um pouco menos que um mês. Já na prisão do Egito, um pouco mais. Quem sabe quanto tempo preciso me preparar para sobreviver aqui neste primeiro século da era cristã?

Evidentemente, os soldados romanos não têm, aqui, um sistema formal de pensão como o nosso, aí no futuro. Não há garantias estatais, nenhum depósito regular em fundo de aposentadoria que esteja esperando os veteranos que se despedem das armas. Entretanto, eles recebem algo muito interessante chamado *honesta missio* (dispensa honrosa).

A *honesta missio* garantia a eles alguns benefícios, entre eles terras e até mesmo uma compensação em dinheiro para os serviços prestados. Mas observo e noto que alguns deles já se prepararam para a aposentadoria muito antes desse "benefício" ser possível – e estes, consequentemente, serão muito mais ricos que os outros.

Primeiramente, o que determinou isso foi o que eles fizeram com o seu salário. Embora não seja volumoso, é pago com uma regularidade que muitos civis invejariam. Os mais sagazes poupam uma parcela e, muitas vezes, investem em negócios familiares em suas províncias. Outros, ainda mais astutos, emprestam dinheiro a juros, usando as viagens como oportunidades para aumentar suas riquezas através de comércios locais ou parcerias com mercadores.

Logicamente, a prática que vou descrever agora está fora de questão, mas julgo importante registrar em termos de conhecimento histórico: o saque. Durante conquistas, o despojo de guerra é uma prática comum e legal. Muitos soldados contam com esses eventos como uma forma de enriquecimento rápido. Itens valiosos como joias, armas e moedas são coletados como uma forma de "poupança" ou vendidos no retorno às terras romanas.

Por fim, e talvez mais significativo, há a terra. Muitos escolhem essa recompensa na *honesta missio*, antecipando uma vida pacata de agricultor. Essa terra oferece não apenas um lugar para viver, mas também a oportunidade de gerar renda contínua através da agricultura, da pecuária ou do arrendamento.

Com os conhecimentos e técnicas da minha época, contudo, não posso negar que a ideia de simplesmente subsistir soa como um desperdício. Deveria eu, então, considerar usar o que sei para não apenas sobreviver, mas também realmente florescer neste império de força e pedra? Estaria eu quebrando uma regra não escrita da Tábua do Tempo se o fizesse?

Conhecendo você, filha, aposto que estaria mais preocupada que eu esteja considerando quebrar uma das regras de "O Guia Ético do Viajante do Tempo".

(Nota para o futuro: contratar um *ghostwriter* para escrever este livro fictício. Douglas Adams e Ayn Rand que se cuidem.)

Mas, sim, imagino que você entenderia isso como uma forma de trapaça, e a verdade é que esse dilema também me assombra. Mas será que esse pensamento cruzaria a nossa mente se eu fosse, digamos, um médico, um astrônomo ou um professor? O nosso conhecimento de primeiros socorros, higiene básica e tratamento de água seria quase mágico nesta época; como médico, eu poderia introduzir técnicas avançadas de assepsia, compreensão dos germes como causa de doenças, ou mesmo a prática da vacinação, salvando inúmeras vidas e mudando o curso da saúde pública. Como astrônomo, eu expandiria a noção deles sobre o universo, corrigindo e aprofundando o entendimento sobre os corpos celestes e seus movimentos, talvez acelerando descobertas que na minha linha temporal só ocorrerão séculos mais tarde. E como professor? Imagine influenciar jovens mentes com filosofias modernas e éticas, com novas literaturas e artes, preparando o terreno para uma renascença precoce.

Entretanto, seu velho pai não é médico, astrônomo ou professor.

Ainda assim, tenho convicção de que a minha expertise como educador financeiro não seria menos significativa. Neste mundo antigo, onde a incerteza e a instabilidade muitas vezes governam o dia a dia, proporcionar conhecimento sobre como gerenciar recursos pode ser tão revolucionário quanto a medicina ou a astronomia. Assim como o provérbio diz que devemos ensinar alguém a pescar, ensinar alguém a administrar as próprias finanças oferece não apenas meios para sobreviver, mas também a capacidade de prosperar e, por sua vez, ajudar os outros a fazerem o mesmo. Como venho tentando te mostrar, a sabedoria financeira é uma ferramenta cuja firmeza está nas mãos de quem a segura, e, ao aplicar neste período histórico o que sei, eu não estaria simplesmente acumulando riqueza para o meu próprio benefício, mas introduzindo práticas com o potencial de elevar o nível de vida de muitos outros (como fiz no tempo presente). Ao introduzir conceitos simples como juros compostos, poupança e investimentos, por exemplo, eu poderia ajudar as pessoas daqui a criar uma base econômica que sustente suas famílias e comunidades por gerações.

Ou estaria eu sendo vencido pela arrogância, tentando brincar de Deus com o tempo e a vida das pessoas? "O tempo é o juiz dos humildes e o carrasco dos arrogantes", já dizia a sua avó.

Eu e você já consumimos livros e filmes sobre viagens no tempo o bastante para não ignorar as possíveis consequências não intencionais da minha possível interferência na história. O que acontece quando um viajante do século 21 introduz conhecimentos e tecnologias que estão séculos à frente do seu tempo? As repercussões podem se estender muito além do bem imediato que pretendo realizar. Posso, sem querer, desencadear eventos que alteram o curso da história de maneiras que não consigo prever, muito menos controlar. Ao tentar melhorar a vida das pessoas aqui, posso, inadvertidamente, causar conflitos, desequilíbrios ou mesmo catástrofes que poderiam reescrever a história de maneira irreconhecível.

Será que valeria a pena assumir tais riscos por uma chance de fazer o bem?

Já é tarde, preciso dormir. Enquanto a brisa sopra lá fora e os soldados à minha volta discutem suas esperanças e medos, eu percebo o quão universal é o desejo de segurança financeira e de um futuro pacífico para nossas famílias. Mesmo longe de casa e em outra época, esses anseios me conectam a esses homens brutos de uma maneira profunda e inesperada.

DIA 8 – MAR MEDITERRÂNEO, APROXIMADAMENTE ENTRE 40 E 45 d.C.

"Toda verdade passa por três estágios. Primeiro é ridicularizada. Em segundo lugar, é violentamente contestada. Por último, é aceita como evidente."

– Schopenhauer

Minha filha,

As tábuas desgastadas deste navio gemem sob o peso da minha história.

Nos últimos dias, vislumbrei em primeira mão a dança simbiótica dos marinheiros, comandantes e escravos, suas vidas entrelaçadas como as cordas que mantêm as velas desta embarcação seguras. Um império construído nas costas dos subjugados.

Sim, os conhecimentos de um homem moderno podem ser tanto uma bênção quanto uma maldição na situação em que me encontro. As correntes que aprisionam essas almas antigas parecem mais pesadas no retrospecto da história, e me vejo constantemente freando meu ímpeto de protestar contra a injustiça perpetuada por essa sociedade que se enxerga da mais alta torre. Ontem, provocado pela cadência melancólica das ondas ao final da tarde, considerei atirar minha metade da Tábua do Tempo no mar. Deixá-la afundar para um abismo onde não mais me atormentaria.

De nada adiantaria, porém. Além de desperdiçar estupidamente minha única passagem de volta para casa, eu continuaria a carregar comigo a dolorosa ansiedade por um futuro que reconhecerá a dignidade e a igualdade de cada ser humano.

Serei eu um mero visitante desta era, condenado a vislumbrar calado tamanhas transgressões? Ou devo me entender como um agente da mudança? Qual será minha próxima parada, então? Assassinar Hitler? Alertar o mundo contra os horrores do comunismo? Será esse o propósito de tudo isso?

Não, mais devaneios de um narcisista. O passado não pode ser desfeito.

Não pode ou não deve?

Bom, apesar de toda a tristeza que estou vivendo… vi nisso algo interessante. Descobri que os remadores do barco em que me encontro são, na verdade, criminosos… e, como punição pelos seus crimes, eles passarão a vida toda remando este barco, juntos, sendo parte essencial para que o barco cumpra sua função.

Esses homens estão destinados a passar a vida inteira unidos – e, graças a isso, a camaradagem entre eles é incrível. Enquanto um precisar remar, todos remarão juntos.

Se eles fazem bem a sua função, são recompensados. Mas, se um é preguiçoso, todos são punidos.

Isso me faz pensar… como é fundamental que tenhamos pessoas que possam pegar o remo e dividir o fardo conosco! Às vezes, subestimamos fortemente o quanto uma pessoa pode atrapalhar (ou alavancar) a nossa jornada. É como eu já te disse uma vez: “Diga-me com quem andas que eu lhe direi o seu futuro”.

Inclusive, tenho uma nova história sobre isso.

Tão vasta quanto o mar é a camaradagem entre os homens que o desafiam, e não tardou para que me encontrasse imerso na cultura fascinante desses guerreiros estoicos. Fiz amizade com dois irmãos chamados Aulus e Lucius, legionários veteranos e entusiasmados por descobrirem um rosto simpático entre tantos semblantes angustiados. Entre goles de cerveja, toda noite eles me contam sobre suas vidas; monótonas para eles, fascinantes para um viajante do tempo amante de história como o seu pai. Meus novos colegas cresceram sorridentes nas ruas de Roma, acostumados à troca silenciosa de pessoas nos mercados vibrantes da grande cidade. Lamentavelmente, sob a ótica desses homens, escravos são sinônimo de prosperidade.

Conforme escrevi antes, Aulus e Lucius conquistaram, ao longo de suas carreiras militares, recursos que lhes permitiram se tornar empreendedores, já sendo donos de um mercado em Ostia administrado pelas esposas e um escravo chamado Demetrius. Agora que estão retornando para casa, planejam expandir e abrir uma pequena venda próximo à praça principal. A ideia é que os dois irmãos e Demetrius cuidem desse novo empreendimento, enquanto suas esposas continuariam no comando do mercadinho original. No entanto, eles me explicaram que, mesmo aposentados, ainda podem ser convocados a qualquer momento para servir o Império; o que os obrigaria a deixar o novo empreendimento nas mãos de Demetrius.

A raiz de sua insegurança está no comportamento recente de Demetrius. Segundo eles, o escravo, que sempre foi de confiança, tem se mostrado cada vez mais desanimado (o gosto amargo da obviedade: o trabalhador forçado só trabalha o quanto é forçado a trabalhar).

Enxerguei ali uma extraordinária oportunidade.

Como tocar o coração daqueles acostumados a um mundo onde os trabalhadores são motivados pela chibata, e não pela promessa de recompensa? Eu sabia ali que minhas palavras não teriam o poder de transformar uma sociedade inteira, fazê-la enxergar a crueldade da escravidão (somente o tempo o fará), mas pensei que talvez eu pudesse fazer alguma diferença ao provar a esses soldados que é melhor ter alguém ao seu lado da mesa do que do lado oposto, em uma luta constante entre explorador e explorado. Através de metáforas sobre cavalos e estradas, ilustrei como os caminhos da prosperidade são mais suaves quando percorridos ao lado de aliados, demonstrando como a participação nos lucros e a possibilidade de ter uma parcela no sucesso do empreendimento poderiam transformar a motivação e o comprometimento de Demetrius. Ao se tornar um sócio, ele não apenas trabalharia pelo medo ou obrigação, mas seria movido pelo desejo de ver o negócio prosperar, sabendo que parte dessa prosperidade seria dele. Isso aumentaria seu senso de pertencimento e responsabilidade, elementos dos quais ele claramente carece no sistema atrasado em que se encontra hoje.

Se meu esforço será o bastante, acho que nunca saberei. Terá a conversa daquela noite plantado uma semente de mudança nos corações de bronze de Aulus e Lucius? Eles pareceram mais intrigados do que revoltados, e concordaram em pensar mais a fundo sobre a proposta. A única certeza que tenho é a de que os ecos da Roma antiga permanecerão para sempre na minha mente, me obrigando a refletir sobre a fragilidade da liberdade humana através dos tempos.

CAPÍTULO 9

O VENTO DIVINO

O nascer do sol tingia o céu de tons alaranjados e vermelhos, refletindo o cenário de devastação que Lídia descobriu ao abrir os olhos. De pé, em meio a um campo de plantação de arroz manchado de sangue, a jovem viajante do tempo estava cercada por dezenas de corpos de guerreiros caídos em batalha. Suas armaduras reluziam fracamente sob a luz matutina, enquanto as espadas e lanças, ainda cravadas no solo, contavam a história de uma luta feroz e implacável.

Desorientada e ainda segurando a Tábua do Tempo nas mãos, por alguns instantes Lídia pensou que continuava entre os soldados romanos – teria ela desmaiado durante o ataque na tenda do comandante Plautius e, enquanto desacordada, perdido um naufrágio e um confronto com os nativos de alguma ilha no meio do oceano?

Não. Diferentemente dos romanos com quem ela acabara de conviver no navio, estes homens eram de estatura mais baixa e tinham os olhos amendoados. Eles trajavam armaduras coloridas feitas de pequenas placas de metal unidas por cordões de seda, criando uma aparência tanto elegante quanto letal. As máscaras com sorrisos demoníacos, desenhadas para intimidar os inimigos, agora estavam desfiguradas pelo combate.

– Samurais – concluiu Lídia, notando que muitos deles ainda seguravam as *katanas* nas mãos ensanguentadas.

Voltando a atenção para o outro grupo caído, a menina notou que suas armaduras de couro endurecido e capacetes cônicos contrastavam com as vestimentas mais ornamentadas dos japoneses. Espalhados ao redor dos corpos, arcos compostos curtos e espadas curvas indicavam a brutalidade da batalha que ocorrera ali.

Lídia olhou ao redor, o cheiro de morte sufocando suas narinas. O clima era quente, úmido. Dúzias de mulheres caminhavam pelo campo, as vestes tradicionais manchadas de lágrimas e sujeira. Elas se moviam entre os corpos, chorosas, procurando desesperadamente por maridos, pais e filhos que haviam perecido no confronto da madrugada anterior. Uma senhora de idade cruzou o olhar soturno com a viajante do tempo e não pareceu notar nada de estranho. Presumindo o porquê, Lídia avaliou o reflexo em uma poça de água e confirmou que suas feições haviam sido transformadas para as de uma jovem mulher japonesa daquele período histórico, os cabelos negros e longos presos em um penteado tradicional com adornos de madeira e seda. Suas vestes também tinham sido substituídas por um *kimono* elegante, com padrões florais delicados e um *obi* amarrado firmemente ao redor da cintura. Sandálias de palha trançada protegiam seus pés do solo enlameado. Até mesmo suas unhas estavam pintadas com um esmalte discreto.

Lídia ergueu o punho para admirar o delicado bracelete de seda em que a Tábua do Tempo havia transformado o relógio do pai. Foi quando um gemido doloroso chamou sua atenção.

Há poucos metros dali, um jovem samurai de cerca de vinte anos tentava desesperadamente estancar o sangramento de um samurai de cabelos grisalhos, extremamente ferido.

– Olá, eu… Eu me chamo Lídia, como posso ajudar? – Ela se aproximou com cuidado, a metade da Tábua do Tempo ainda nas mãos.

– M-meu nome é Takeshi Saito. Este é meu avô, Nobuyuki Saito – o jovem gaguejou, apontando para o homem caído. – Eu… Eu não sei o que fazer, ele está muito ferido…

Saito. Lídia paralisou ao ouvir aquele sobrenome.

Seria possível? Estaria ela de frente para os antepassados do "tio Saito", o grande amigo e parceiro comercial de seu pai, cujo sobrenome era sinônimo de sucesso e inovação no século 21?

Disfarçando a surpresa, Lídia se ajoelhou ao lado deles. Antes que pudesse tentar ajudá-los, contudo, notou que os olhos do velho samurai, já vidrados pela dor, arregalaram-se ao notar a Tábua do Tempo que ela ainda segurava nas mãos.

– Veja, Takeshi… ela tem a outra metade! – O homem cutucou o neto. – O forasteiro nos disse que ela viria, está vendo?

Encarando o artefato nas mãos da recém-chegada, a expressão de Takeshi mudou de desespero para uma curiosidade temerosa. Dada a circunstância, porém, Lídia freou o ímpeto de indagar sobre o paradeiro do pai.

– Me deixe aqui. – O homem apertou a mão do neto. – Nós prometemos a ele que cuidaríamos de sua filha… Leve-a em segurança para a nossa casa e c-conte… conte sobre o pai dela.

– Não, vovô, eu… eu ainda posso ajudá-lo! – falou o rapaz.

– Takeshi, meu tempo neste mundo chegou ao fim – disse o velho samurai. – Da mesma forma que o Vento Divino soprou os invasores para longe de nossa ilha, deixe que a brisa do crepúsculo afaste a tristeza do seu coração…

– N-não é justo, vovô, isso não é justo – falou Takeshi, as lágrimas escorrendo em seu rosto firme.

O homem tocou com dificuldade o rosto do rapaz.

– Meu neto, onde falta justiça, o tempo inevitavelmente age – disse ele, fechando os olhos, a voz cada vez mais fraca. – E se… e se permanecermos fiéis ao que é justo… o longo prazo sempre nos dará… o que é merecido.

Dando-se conta de que aquela era a primeira vez que testemunhava alguém morrer diante de seus olhos, Lídia aguardou em silêncio até que o velho samurai soltasse seu último suspiro. Enquanto o neto se curvava em homenagem, Lídia ponderou sobre a força interior necessária para demonstrar tanta serenidade em meio à dor. Tocada pela cena, ela desviou o olhar para a espada do ancião, caída ao seu lado como se também tivesse tombado em batalha. Na guarda da arma, um intrincado entalhe de ouro e prata ilustrava um par de dragões entrelaçados que ela imediatamente reconheceu.

É a espada do escritório do meu pai, pensou ela. *A espada que o tio Saito vai dar a ele de presente, no futuro.*

– É perigoso ficarmos aqui, ainda há muitos mongóis espalhados pela região – disse finalmente Takeshi, voltando-se para Lídia. – Retornarei depois com os empregados para recolher o corpo do vovô, mas agora precisamos partir, venha comigo.

Recolhendo a espada do samurai caído, Takeshi e Lídia começaram se afastar daquele cenário sangrento, movendo-se com cuidado entre os corpos e destroços deixados pela batalha. Takeshi então assobiou alto, um som claro e forte que ecoou pelo campo, chamando a atenção de um imponente cavalo negro no horizonte. O animal prontamente galopou até os dois.

– Este é Kuro – disse Takeshi, acariciando o pescoço do enorme animal. – Aqui, deixe-me ajudá-la.

O rapaz segurou firme na cintura de Lídia e a levantou com facilidade até a sela de couro. Em seguida, montou atrás dela, segurando as rédeas e tocando o cavalo para longe daquele cenário de guerra.

– Takeshi, eu... eu preciso perguntar, meu pai ainda está na sua casa? – perguntou Lídia, guardando a Tábua do Tempo sob o *kimono*.

– Lamento dizer que não – respondeu o rapaz. – Ele esteve conosco por alguns meses, trabalhando nos estábulos. Alguns dias atrás, ele saiu para comprar provisões para os cavalos e não retornou. Meu avô e eu temíamos que algo pudesse ter acontecido com ele, especialmente com os mongóis ainda espalhados pela ilha... Mas nunca encontramos o seu corpo. Agora que você está aqui, talvez possamos encontrar as respostas juntos.

– Takeshi, eu... eu tenho viajado tanto que estou um pouco perdida sobre o que está acontecendo na ilha, com os mongóis e tudo – falou Lídia. – O que seu avô quis dizer com "o Vento Divino", por exemplo?

O jovem samurai respirou fundo.

– Há algumas semanas, a frota marítima dos mongóis foi destroçada por tufões furiosos, enfraquecendo significativamente a campanha de invasão – respondeu o rapaz.

– Então... os mongóis estão se retirando? – perguntou a menina.

Takeshi assentiu.

– Com suas forças marítimas dizimadas, os poucos mongóis que sobraram na ilha estão tentando sobreviver e se reorganizar – disse ele. – Cabe agora a nós, samurais, derrotar ou capturar os remanescentes... Eu... Eu deveria ter lutado ao lado do meu avô naquele campo de batalha, mas... Mas ele me ordenou que ficasse guardando o terreno da família. Obedeci, mas agora... sinto que o decepcionei.

Lídia se virou um pouco para trás na sela, tentando olhar para o rapaz.

– Takeshi, escute – pediu ela, suavemente. – Ao mandar que você ficasse em casa, protegendo seu lar, seu avô estava plantando uma semente para o futuro. Ele sabia que a sua sobrevivência era crucial para o legado e a continuidade da sua família. Protegê-lo era a melhor forma de garantir que a história e os valores da sua linhagem continuassem a crescer e prosperar.

– Então... você não acha que ele me considerava fraco por me deixar de fora da batalha? – O jovem samurai franziu a testa.

– Não, Takeshi, o seu avô sabia que estava plantando para o futuro, e você é a semente que ele escolheu proteger – falou a jovem. – Ele confiava em você para garantir que a família continuasse, mesmo que isso significasse tomar decisões difíceis que você talvez não compreendesse na hora.

Takeshi respirou fundo, a tensão em seus ombros relaxando um pouco.

– "Honre a família de ontem. Dê a vida pela sua família de hoje. Instrua sua família do amanhã" – falou Takeshi, como se citasse o ensinamento de alguém.

– Foi o seu avô que disse isso? – perguntou Lídia.

– Na verdade, foi o seu pai – respondeu Takeshi.

A manhã já se aproximava do fim quando Takeshi e Lídia chegaram galopando à propriedade da família Saito, um grande e belo sítio. A entrada era marcada por um portão de madeira escura, ladeado por cerejeiras cujas flores caídas formavam um lindo tapete rosado no solo. Além do portão, Lídia se deparou com um jardim meticulosamente cuidado, com caminhos de pedras serpenteando entre arbustos podados, lanternas de pedra e pequenos lagos cheios de carpas coloridas. Ao fundo, a residência principal se erguia em uma estrutura de madeira com telhados curvos e beirais que se projetavam graciosamente, trazendo um alívio bucólico de que o coração de Lídia tanto precisava.

O jovem samurai e sua companhia desmontaram de Kuro e foram recebidos pelos empregados da família, que imediatamente perceberam a gravidade da situação ao ver as expressões nos rostos dos recém-chegados. Enquanto Takeshi explicava o cenário, Lídia ponderou sobre o longo caminho que a família Saito trilharia até o tempo de onde ela viera – escolhas difíceis de honra e sacrifício que moldariam, ao longo dos séculos seguintes, o império do "tio Saito", um homem de princípios firmes e visão inovadora, cujo empreendimento revolucionaria a tecnologia e a vida de milhões de pessoas.

Desgostoso, Takeshi entregou a espada do avô aos servos e os instruiu a recuperar o seu corpo no campo de batalha – o guerreiro seria enterrado no jardim da propriedade, que também era o cemitério da família. Em seguida, pediu a uma serva idosa que levasse Lídia até os estábulos, onde o jovem samurai a encontraria em breve.

Intrigada, a menina acompanhou a serva idosa por um caminho de pedras que levava até a baia de ferragem dos estábulos, o cheiro do feno trazendo uma sensação de tranquilidade em meio ao caos dos eventos recentes.

– Com licença, pode me dizer onde está o resto da família Saito? – Lídia perguntou para a empregada, antes que ela partisse.

– Oh, o mestre Takeshi foi criado pelo pai e o avô, pois a mãe e a avó faleceram quando ele ainda era uma criança pequena – explicou a senhora. – A avó faleceu de causas naturais, e a mãe de Takeshi... Ela era uma mulher forte e amorosa, mas a doença foi implacável e levou-a cedo demais.

– E onde está o pai de Takeshi?

– Um grande guerreiro, lutou bravamente na primeira invasão dos mongóis, cinco anos atrás, e foi morto em combate, defendendo nossa terra – revelou a serva. – A perda foi devastadora para todos nós... e, agora, o mestre Nobuyuki também tombou. Ele era um homem extraordinário, um pilar de força e sabedoria para todos nós. Com sua partida, uma responsabilidade imensa recai sobre os ombros do mestre Takeshi.

Com um sorriso melancólico, a empregada se despediu. Lídia se acomodou em um pequeno banco de madeira e tirou a metade da Tábua do Tempo de dentro do *kimono*, encarando-a, até que Takeshi finalmente retornou, puxando o corcel negro pelas rédeas.

– Meu pai me levou para cavalgar algumas vezes, mas nunca em um animal tão grande assim – falou Lídia.

– Kuro foi um presente do meu avô quando eu fiz doze anos – falou o samurai, desafivelando a sela do animal. – Quando eu agradeci e disse que seria invencível no dia em que finalmente o montasse em combate, meu avô riu e retrucou: "Meu neto, um cavalo pode tropeçar mesmo que tenha quatro pernas. Mesmo os mais habilidosos podem cometer erros, lembre-se disso".

– Os presentes que o meu pai me deu também costumam ter alguma lição por trás. – Lídia olhou para a Tábua do Tempo e, em seguida, para o bracelete de seda que havia substituído o relógio em seu punho. – Infelizmente, costumo interrompê-lo sempre que ele tenta me explicar essas lições...

– O arco jovem é difícil de curvar – falou Takeshi.

– O meu arco deve ser feito de *aço*, então, não é possível – brincou Lídia, arrancando um sorriso do jovem samurai. Aproveitando a descontração, a jovem então emendou: – Takeshi, pode me contar como você e seu avô conheceram o meu pai?

– Certamente – disse ele, começando a escovar os pelos negros de Kuro. – No meio da primavera, um forasteiro bateu à nossa porta pedindo abrigo e alimento em troca de trabalho. Ele se apresentou como um comerciante que viera de longe, de fora da ilha. Nos disse que os invasores tinham roubado sua carroça e todos os seus pertences, com exceção da outra metade desse seu estranho artefato de argila. Meu avô sempre soube reconhecer a honestidade alheia, e então acolheu aquele andarilho e o colocou para ajudar os empregados com os animais da propriedade.

Lídia sentiu um nó se formar em sua garganta. Mais uma vez, seu pai estava tão perto e ao mesmo tempo tão distante.

– Durante uma manhã, eu vim até aqui para ter certeza de que ele sabia o que estava fazendo – prosseguiu Takeshi. – Ele estava escovando um dos cavalos, exatamente como estou fazendo agora, e, quando me viu, me pegou de surpresa com uma pergunta: "Mestre Takeshi, sabe por que os cavalos às vezes dormem em pé?".

Lídia abriu um sorriso, reconhecendo o jeito de falar do pai.

– "Eles fazem isso porque ainda se lembram de como era viver nos campos selvagens, antes de nós os domesticarmos" – falou Takeshi, imitando o tom de voz do pai de Lídia. – "Foi como a natureza os ensinou a se defender contra os predadores, estando sempre prontos para agir diante de uma ameaça imprevista. Esses animais magníficos estão sempre preparados para o próximo desafio, a próxima corrida. Os cavalos só se deitam para dormir quando sentem que estão realmente seguros. Esse descanso profundo é um sinal de reconhecimento de que ele fez o suficiente para merecer aquele momento de repouso."

Takeshi deu a volta no animal para continuar a escová-lo do outro lado, e então prosseguiu:

– "Isso sempre me fez pensar na diferença entre o descanso e a preguiça. A preguiça é como se o cavalo decidisse se deitar sem necessidade, mesmo quando há trabalho a ser feito ou perigos ao redor. Em vez de estar pronto para agir, ele se entregaria à inatividade sem um propósito claro, deixando de lado suas responsabilidades e ignorando a necessidade de preparação. Assim como esse cavalo hipotético, existem pessoas que, mesmo não estando seguras, estão deitadas como se no mundo não houvesse perigo. A preguiça as faz menosprezar a sua responsabilidade na garantia de seu futuro, imaginando que a sorte fará o trabalho por elas", continuou o seu pai.

"Essas são as pessoas que raramente sobrevivem e conquistam algo. Pois se preparar enquanto ninguém mais está se preparando nos faz colher frutos que ninguém mais está colhendo. Não é fascinante como um simples olhar para a natureza pode conter tanta sabedoria?"

– Meu pai sempre insistiu que a preguiça é a maior inimiga da prosperidade – complementou Lídia. – "Quem ama a preguiça desama a fortuna", diz ele.

O rapaz assentiu, passando a pentear a longa crina escura do cavalo.

– Não tardou para que seu pai firmasse uma amizade comigo e meu avô, que ficou intrigado com a sabedoria inusitada daquele sujeito aparentemente simples – falou Takeshi, o olhar perdido nas lembranças. – Nós três passamos muitos dias conversando neste estábulo, e gosto de pensar que aprendemos muito uns com os outros. Foi aqui que conhecemos, de certa forma, você, Lídia, através das histórias repletas de carinho que ele contou sobre a sua família.

– Até o dia em que ele não voltou da cidade, como você me disse – falou a jovem.

– Sim... Mas há algo que preciso te contar sobre esse dia. – Takeshi fez sinal para que um dos servos viesse buscar o cavalo. Entregando as rédeas do animal ao homem, o jovem samurai prosseguiu. – Alguns dias antes de seu pai desaparecer, eu o encontrei aqui no estábulo com um semblante muito preocupado. Indaguei o que o perturbava e ele me confessou que, em uma manhã em que estava pescando aqui perto da propriedade, teve um encontro inusitado com um estranho homem... Um sujeito de vestes negras, muito elegante, mas com algo indescritivelmente assustador em sua postura.

SE PREPARAR ENQUANTO NINGUÉM MAIS ESTÁ SE PREPARANDO NOS FAZ COLHER FRUTOS QUE NINGUÉM MAIS ESTÁ COLHENDO.

– THIAGO NIGRO

Lídia sentiu um calafrio percorrer sua espinha. Takeshi puxou outro banco de madeira para se sentar e continuou a narrativa:

– Seu pai disse que o homem lhe falou algo que o perturbou imensamente, mas, quando eu perguntei o que tinha sido, ele se recusou educadamente a compartilhar o conteúdo da conversa comigo. Naquela noite, contudo, seu pai foi até a nossa casa e nos mostrou a metade deste estranho artefato que você carrega consigo, Lídia, e então nos pediu um favor. "Meus senhores, se algum dia, depois que eu tiver partido, vocês conhecerem uma jovem que tenha consigo a outra metade desta Tábua do Tempo, saibam que ela é a minha filha. Peço encarecidamente que cuidem dela, e que entreguem a ela este diário."

Takeshi então tirou um pequeno caderno de dentro das vestes e o entregou para Lídia.

– Você... Você...? – a menina balbuciou.

– Nem eu nem meu avô o lemos, evidentemente – Takeshi se adiantou. – Depois de nos entregá-lo, seu pai deixou o sítio para comprar provisões para os cavalos na cidade e não retornou mais, como eu disse mais cedo.

Lídia encarou a capa de couro desgastada do diário nas mãos trêmulas.

Takeshi se levantou:

– Lídia, eu ficaria muito grato se você pudesse me dizer se há algo neste diário que possa nos dar pistas sobre o paradeiro do seu pai – disse ele, fazendo sinal para um dos servos. – Você é hóspede de honra na propriedade dos Saito pelo tempo que precisar.

Os empregados da família Saito levaram Lídia aos seus novos aposentos, um quarto acolhedor coberto por tatames e uma porta de correr, feita de papel de arroz, dando para uma vista serena do jardim.

Um futon aconchegante havia sido estendido no canto do quarto, ao lado de uma pequena mesa de madeira onde repousava uma lâmpada a óleo. Sobre a mesa havia também uma refeição quente; arroz branco recém-cozido, sopa de miso com tofu e algas, legumes e peixe grelhado com molho de soja. Uma pequena tigela de chá verde completava a apresentação, exalando um aroma reconfortante.

Ansiosa, Lídia se acomodou na pequena mesa de madeira para comer e folhear as páginas amareladas do diário. Da esperança de se reconectar com a filha até a solidão de um homem perdido em uma jornada impossível, Lídia sentiu o coração apertar ao mergulhar nos registros fascinantes de um pai que ela inocentemente pensava conhecer antes de tudo aquilo. A jovem se emocionou com as descrições calorosas das amizades que ele e ela haviam forjado em suas respectivas viagens – gerações moldadas pelos conselhos de um homem deslocado do tempo, mas em sintonia com um mundo que parecia recompensar com a prosperidade aqueles que desvendavam suas regras.

A descrição do encontro com a figura de vestes negras era breve, mas carregada de tensão. Tratava-se de Sobekotep, indubitavelmente, ainda que seu pai não o chamasse por esse nome ou mesmo descrevesse em detalhes o diálogo que travara com a figura perturbadora. Em vez disso, o autor do diário – agora ciente de que Lídia também se encontrava perdida no tempo e próxima de alcançá-lo – optou por deixar uma última mensagem encorajadora para a filha, que, por sua vez, a guardou no fundo do coração junto à saudade.

Com determinação renovada, Lídia fechou o diário ao anoitecer, sentindo-se mais próxima do pai do que nunca. Exausta, ela apagou a luz e se deixou adormecer. Sonhou que estava de volta ao deserto do Egito, o sol a pino aquecendo as areias do infinito oceano dourado onde ela se encontrava solitária. Não havia caverna para se abrigar, desta vez. Estreitando os olhos contra a claridade, a viajante do tempo enxergou uma silhueta sobre a duna, caminhando na sua direção. Entretanto, ela não se acovardou, e aguardou até finalmente reconhecer, aliviada, que não se tratava de Sobekotep, mas, sim, de sua mãe.

Porém, havia algo diferente nela; seus cabelos eram prateados, fios de pura luz flutuando contra a brisa do deserto. Sorrindo, ela tocou o rosto da filha, dissipando todas as suas preocupações.

– Você se torna aquilo em que foca a sua atenção, Lídia – disse a mãe.

A luz suave do amanhecer entrou pelos painéis de papel de arroz, iluminando o quarto e despertando Lídia para a realidade. Ela se sentou, ainda sentindo o toque da mãe em seu rosto.

No meio do outono, quando as folhas das árvores da propriedade já coloriam o cenário de tons dourados e avermelhados, Lídia já havia aprendido com Takeshi as tarefas diárias da vida no campo – ainda que o anfitrião tivesse insistido que sua hóspede não era obrigada a trabalhar. Mantendo a Tábua do Tempo sempre próxima de si para que seu disfarce não caísse por terra, a menina se afeiçoara especialmente pelos cavalos; no início intimidantes, os belos animais logo tornaram-se companheiros gentis, refletindo a amizade que aos poucos florescia entre Lídia e o jovem samurai. Os dois passaram a cavalgar nos campos deslumbrantes ao redor do sítio, onde encontraram consolo e força ao compartilhar as histórias e aprendizados que seus entes queridos haviam deixado para eles.

Em meados de outubro, durante uma dessas conversas, Lídia confessou seu lado artístico para Takeshi. Percebendo a paixão nos olhos da menina, ele a surpreendeu no dia seguinte com um conjunto de materiais de pintura.

– Sei o quanto a arte significa para você – disse o rapaz, sorrindo. – Espero que isso traga um pouco de inspiração para aliviar a saudade da sua família, e, assim, quem sabe, um pouco mais de cor neste seu sorriso de que gosto tanto.

O sítio dos Saito logo tornou-se um lar para Lídia, onde ela encontrou não apenas abrigo, mas também uma conexão cada vez mais genuína com Takeshi. Enquanto o outono se transformava em novembro, o ar esfriava e as folhas começavam a cair, Lídia sentiu que algo novo crescia em seu coração. O acolhimento de Takeshi e a conexão que eles compartilhavam com os ensinamentos dos mais velhos haviam, aos poucos, se transformado em algo mais profundo; um amor que ela dolorosamente decidiu guardar para si, temendo que, ao confessar os sentimentos, poderia não resistir e contar toda a verdade para Takeshi.

"Como ele reagiria?", pensou ela, tocando a metade da Tábua do Tempo sob o vestido.

Expostas por toda a propriedade, as pinturas de Lídia capturavam a essência daquele seu novo cotidiano, impressionando o jovem samurai com o talento de alguém que imprimia a alma nos registros de sua jornada.

– Formigas? – falou Takeshi, comentando o tema de uma nova obra em que Lídia trabalhava. Apoiado do lado de fora do quarto da menina, o cavalete mostrava uma ilustração com os insetos em fila atravessando um galho em frente ao pôr do sol.

– Ah, eu... acordei pensando nelas hoje – falou a acanhada artista, finalizando as últimas pinceladas. – Lembro a primeira vez que resolvi tentar desenhá-las. Minha mãe havia me dado de presente um daqueles conjuntos de lápis de cor, e... – Lídia se interrompeu, dando-se conta de que Takeshi provavelmente não sabia o que eram "lápis de cor". A jovem então ajustou o termo. – *Pincéis*, pincéis... Eu fiquei segurando o pincel e olhando para o papel em branco quando o meu pai me perguntou qual era o problema, e eu falei que não sabia desenhar direito, que eu não estava *pronta*. E sabe o que ele me disse?

– O quê? – perguntou Takeshi.

– "Então comece antes de estar pronta, filha" – respondeu Lídia.

– Seu pai estava sempre as observando aqui pela propriedade – falou o jovem samurai, apreciando a pintura. – Certa vez, resolvi perguntar: "O que as formigas nos contam hoje, forasteiro?", e ele me respondeu: "Jovem Takeshi, já reparou que as nossas pequenas amigas não precisam de um mestre que lhes diga para começar o trabalho?

Aqueles que esperam que alguém os diga quando trabalhar, como trabalhar, e por quanto tempo trabalhar, realmente nunca alcançarão coisa alguma".

– Sabe, vivendo aqui com você eu posso ver que essa é uma das maiores forças do seu... do *nosso* povo – falou Lídia, corrigindo-se ao lembrar que, aos olhos do samurai, ela também era japonesa. – O poder contido no ato de *servir* ao próximo é algo que meu pai sempre admirou, mas eu... eu não acho que tinha as ferramentas para entender o que ele queria dizer... até agora.

Intrigado, Takeshi se sentou em uma das pedras do jardim, ao lado da pintora, para ouvir a conclusão. Lídia prosseguiu:

– Da mesma forma que as formigas formam um ciclo de serviço mútuo em que cada uma entende seu papel e importância, nesta ilha a honra e o dever são os fios que costuram o tecido das relações entre família e comunidade, dos servos que, há gerações, cuidam da sua propriedade, dos samurais que juram lealdade ao senhor feudal em troca de suas terras.

Inspirado, o rapaz segurou a mão de Lídia.

– Quando você agrega valor aos outros, os outros agregam valor a você – disse ele.

Cansada de se esconder, Lídia o beijou.

À medida que o inverno se instalava, com o ar tornando-se mais gelado e uma fina camada de geada cobrindo o solo, o casal permitiu que seus corações os aquecessem, florescendo uma relação tão natural quanto as estações que mudavam ao seu redor. Lídia ajudava nos estábulos, cuidava do jardim e até participava das atividades da comunidade local, que aos poucos se recuperava da tentativa de invasão dos mongóis.

Aprendendo na prática sobre a história e os desafios daquele período histórico, Lídia entendeu que, além do serviço militar, a família Saito também tirava o sustento de algumas terras que arrendava, uma responsabilidade que Takeshi herdara desde a morte do avô. Inexperiente, o jovem samurai confessou à companheira, durante um jantar, as dificuldades que enfrentava nessa área:

QUANDO VOCÊ AGREGA VALOR AOS OUTROS, **OS OUTROS AGREGAM VALOR A VOCÊ.**

– THIAGO NIGRO

– Tenho feito o melhor que posso, mas a verdade é que estou tendo dificuldades – disse ele. – As finanças estão complicadas, e alguns arrendatários têm atrasado os pagamentos. Enviei uma carta para minha tia Hikari, irmã da minha falecida mãe, perguntando se ela pode vir aqui me ajudar. Ela me respondeu dizendo que chegará no final do inverno. Espero que com a ajuda dela possamos colocar as coisas em ordem.

– Conte comigo para o que eu puder ajudar – falou Lídia, abraçando o companheiro.

A neve gradualmente cobriu a propriedade dos Saito e também o passado de Lídia, esquecido no fundo da gaveta do quarto junto ao diário do pai e ao bracelete de seda – seu relógio vintage disfarçado pela Tábua do Tempo. Mesmo carregando o artefato de argila constantemente no bolso, para que o encanto não se desmanchasse como no navio romano, seu mistério aos poucos foi substituído pela simplicidade e a beleza de uma vida e um relacionamento que ela nunca havia experimentado antes.

Ao final de uma tarde de inverno, Lídia alimentava os cavalos quando ouviu o som de uma carruagem parando em frente à casa. Atraída pela comoção dos empregados, a menina seguiu até a residência e encontrou Takeshi recebendo a visita.

– Ah, Lídia, aí está você – falou o jovem samurai com um sorriso caloroso. – Esta é minha tia, Hikari Megumi.

Lídia paralisou.

A recém-chegada era uma japonesa de meia-idade, elegante, com cabelos prateados que brilhavam como a luz da lua. Seu semblante irradiava uma serenidade profunda, o olhar sábio estudando a expressão assustada de Lídia. Apesar da etnia diferente, Lídia de alguma forma a reconheceu como a enigmática mulher que ela havia encontrado em momentos-chave das viagens no tempo, a contraparte iluminada de Sobekotep e sua macabra escuridão.

O choque do reencontro foi avassalador, inundando Lídia com uma onda de emoções conflitantes. A presença daquela mulher trouxe de volta as lembranças das viagens no tempo, as palavras do pai e tudo que enterrara no fundo da mente. A culpa por ter se deixado envolver pela vida no sítio e pelo amor por Takeshi.

– Tia, esta é Lídia, minha amiga e... companheira – falou o jovem Saito.

Hikari encarou profundamente os olhos petrificados da menina.

– É um prazer conhecê-la, Lídia – disse ela com a voz serena.

Murmurando uma desculpa, Lídia pediu licença e recuou apressada para o jardim da propriedade, o coração batendo descompassado. Precisava de ar, de espaço.

No jardim, a neve caía suavemente, cobrindo as árvores, o solo e as lápides da família Saito com um manto branco e silencioso. Chorando, Lídia caminhou até a árvore majestosa que se erguia no centro do jardim – suas folhas em forma de leque ainda pendiam em alguns dos galhos, proporcionando uma visão serena e elegante mesmo sob o rigor do inverno. Ela se encostou no tronco robusto, tentando controlar a respiração, quando escutou passos.

– Minha querida – disse Hikari se aproximando como um cervo cuidadoso. – Posso me juntar a você?

Lídia assentiu, soluçando.

– Sabe, esta árvore é conhecida por sua resistência a condições adversas – disse a mulher, tocando o tronco de madeira fria. – Os primeiros Saito a plantaram neste cemitério como um símbolo de esperança e continuidade. Assim como esta árvore, você também é forte, Lídia, mesmo que não perceba agora.

– Não, e-eu... eu me esqueci dele – falou a menina. – Eu me deixei distrair pela vida aqui, com Takeshi, eu...

– Não se culpe por encontrar amor e apoio nas horas difíceis – falou a mulher de cabelos de prata.

A vida, assim como esta árvore, enfrenta chuvas fortes, a neve e o sol do verão. E, por conta disso, o seu tronco torna-se cada vez maior e mais resistente aos elementos da próxima estação.

Com a mão direita, Hikari segurou a mão esquerda de Lídia.

– Não tema, o seu pai esteve com você em seus pensamentos, mesmo que o tenha esquecido temporariamente – disse a mulher. – Ele nunca a deixará, nunca a abandonará.

– Eu não tenho certeza disso – disse a jovem, lutando para organizar os pensamentos. – E s-se ele estiver certo sobre mim? Tenho medo de que ele esteja certo, de que eu vá falhar, sim! Tenho medo de nunca conseguir ser boa o suficiente para ele, quer dizer, todos o veem como este "homem que comprou o tempo", esse cara inalcançável, alguém tão sábio, tão... eu não sei, e eu... eu me sinto tão diferente dele, tão... insignificante! E eu não tenho todas as respostas para a vida, como ele tem!

Hikari tirou o diário do pai e o bracelete de seda de dentro do *kimono*.

– O homem que lhe deu este presente e escreveu estas páginas parece mesmo infalível para você? – perguntou ela, colocando os objetos nas mãos trêmulas da jovem.

– Aqui no diário, ele... ele parece tão humano, tão *vulnerável* – admitiu Lídia, colocando o bracelete no punho e examinando o caderno de couro. – Mas, ainda assim, ele sempre encontrou uma maneira de seguir em frente, de superar os obstáculos.

– O que nos torna fortes não é a ausência de falhas, mas a forma como lidamos com elas – falou a mulher de cabelos claros.

– C-como... – Lídia ergueu o olhar para Hikari. – Quem é você? Quero dizer, *de verdade*, quem é você?

A tia de Takeshi sorriu, um sorriso profundo e enigmático como o final de um sonho esperançoso.

– Pense em mim como uma jardineira – falou ela.

– Uma... jardineira? – Lídia franziu a testa.

A mulher se agachou, tocando as raízes da árvore.

– Da mesma forma que alguém, séculos atrás, plantou uma pequena sementinha aqui, a regou e protegeu dos elementos e dos animais, até que ela se tornasse esta torre firme e frondosa, eu faço o mesmo com pessoas como você – falou Hikari. – Estou aqui para ajudá-la a florescer, mesmo em meio às adversidades.

Lídia notou Takeshi se aproximando delas no jardim.

– Tia, o que está acontecendo? – indagou o jovem samurai de semblante preocupado. – Lídia, por que você saiu correndo? Por que está chorando?

De coração pesado, Lídia abraçou o rapaz.

O QUE NOS
TORNA FORTES
NÃO É A AUSÊNCIA
DE FALHAS, MAS
A FORMA COMO
LIDAMOS COM ELAS.

– THIAGO NIGRO

– Takeshi, você é uma das pessoas mais admiráveis que já conheci – falou ela com a voz embargada. – Sua força, sua honra e sua bondade me inspiraram mais do que você pode imaginar. A sua família fará uma diferença no mundo de uma forma que você ainda não pode compreender, mas eu prometo que será grandiosa.

Takeshi franziu a testa.

– Lídia, o que... Por que está falando assim? – perguntou ele, segurando-a pelos ombros.

– Eu tenho que ir, Takeshi. Nunca esquecerei o tempo que passamos juntos e tudo o que você e sua família fizeram por mim e pelo meu pai – disse ela, inclinando-se e o beijando suavemente nos lábios.

E, como se acesa pelo calor e a conexão do casal, a metade da Tábua do Tempo que Lídia guardava sob as vestes se iluminou, colorindo de verde a neve que cobria o jardim dos Saito.

– Adeus, Takeshi – sussurrou ela.

CAPÍTULO 10

O RELÓGIO

17 DE ABRIL DE 1281, KANTO, JAPÃO

Minha filha,

Se em minha aventura anterior eu desejei não ser forçado a usar meu gládio romano em combate, meu cenário histórico atual por vezes me fez rezar por uma katana para que eu ao menos pudesse me defender.

Assim que abri os olhos ainda salgados pelo mar Mediterrâneo, me vi cercado pelo caos absoluto. Cerca de uma dúzia de homens de armadura se enfrentavam em uma floresta escura, os gritos e o clangor de espadas ressoando ao meu redor, como em um filme; eu logo descobriria que a Tábua do Tempo me trouxera para o Japão, mais precisamente para a região de Kanto durante a primavera de 1281, um período marcado pela segunda tentativa de invasão pelos mongóis. Diferentemente do cinema, entretanto, o calor das flechas flamejantes e os respingos de lama dos cavalos rapidamente me trouxeram à realidade; desnorteado, me esquivei desajeitadamente do combate e corri para longe daquele pequeno confronto, cujo lado vencedor nunca saberei.

Esbaforido (mas vivo!), deixei a floresta e alcancei um campo verdejante salpicado de cerejeiras, uma vista que poderia facilmente figurar ao fundo da tela do seu celular. Uma vez seguro, reparei que, em vez de uma posição militar, como na viagem anterior, a Tábua do Tempo dessa vez me transformara em um aldeão camponês de roupas simples e fisionomia adequada aos japoneses locais. Talvez tenha sido justamente isso que me salvou da morte certa ao surgir em meio a um combate…

No campo de cerejeiras avistei um conjunto de acampamentos onde samurais e soldados se preparavam para uma árdua viagem. Enquanto eu caminhava por entre as barracas tentando me situar, ouvi as histórias das pessoas ali; muitos estavam deslocados, buscando refúgio e segurança em vilarejos mais afastados. Foi durante uma dessas conversas que ouvi falar em uma linhagem de samurais muito respeitada na região por sua honra e generosidade: a família Saito.

Aposto que o seu coração pulou uma batida quando leu o nome. Minha reação foi a mesma ao ouvi-lo dos lábios dos soldados; seriam esses os antepassados do meu "velho futuro" amigo e líder do império tecnológico revolucionário Hiroshi Saito?

Você sabe que o seu pai aqui não gosta de apostas, mas aceitei essa provocação da Tábua do Tempo, pois estou cada vez mais convencido de que há, sim, um propósito nisso tudo.

Ao chegar ao sítio dos Saito, fui recebido com desconfiança inicial pelo velho patriarca da família, Nobuyuki, e seu neto, Takeshi, compreensível, dado o período de guerra e incerteza. Enquanto explicava sobre a minha situação e o desejo de encontrar trabalho em troca de abrigo e alimento, não pude evitar sentir um fascínio profundo ao observar as feições dessas pessoas, procurando traços que o tempo poderia carregar até o futuro, até Hiroshi Saito. *Será que a linha do queixo de Takeshi é a mesma? Os olhos de Nobuyuki me lembram o olhar perspicaz de Hiroshi durante nossas reuniões de negócios?*, eu pensei.

Infelizmente, não sou bom com fisionomia como você, filha, a artista da família. Fato é que esses Saito são tão sagazes quanto meu amigo do século 21; após escutar pacientemente a minha história, o velho samurai pediu que eu lhe mostrasse as mãos. Após examiná-las, ele então se voltou ao neto e falou: "Preste atenção no que as mãos de um homem fazem, Takeshi, e não no que os lábios dele dizem".

"E o que as mãos dele dizem, avô?", indagou o rapaz.

"Que os calos dele confirmam o que ele alega sobre saber trabalhar duro", respondeu Nobuyuki.

E, com essa rápida lição, os Saito me aceitaram como seu novo servo, me colocando para ajudar nos estábulos e com outras tarefas diárias.

Quando eu estava entre os romanos, ponderei sobre a responsabilidade de tentar alterar propositalmente a história (ainda que com a melhor das intenções). Aqui, a trajetória da família de um amigo faz a balança balançar ainda mais.

Penso em todas as inovações que poderiam dar uma vantagem significativa à família Saito – quem sabe antecipar a sua prosperidade em algumas gerações, compartilhando com a sociedade certos avanços tecnológicos e conhecimentos que normalmente levariam séculos para serem descobertos.

No entanto, os perigos dessas ações são igualmente grandes. Se eu desviar a trajetória natural dos eventos dos Saito, posso inadvertidamente apagar o império tecnológico de Hiroshi Saito no século 21. A presença de Hiroshi na nossa vida – e no mundo – é de uma importância incalculável; seu império tecnológico moldou, e continua moldando, o futuro (o nosso presente) de maneiras que ainda estamos descobrindo.

E se, ao tentar ajudar, eu acabar impedindo que essa visão se torne realidade?

Te escrevo essas ponderações do celeiro do sítio, lugar onde encontro um pouco de paz e isolamento antes de encerrar o meu segundo dia aqui. Será que devo partir da propriedade dos Saito logo cedo e procurar meu sustento em outro lugar? Ou estaria justamente nesse dilema o verdadeiro propósito da Tábua do Tempo?

28 DE JUNHO DE 1281, KANTO, JAPÃO

Minha filha,

Embora meu conhecimento inicial com animais de fazenda fosse amador, nos últimos meses os outros empregados foram pacientes e me ensinaram com dedicação. Aos poucos, conquistei não somente a confiança dos senhores Nobuyuki e Takeshi (que fazem questão de participar de todas as atividades do sítio), mas arrisco dizer que também uma singela amizade, pela qual compartilhamos histórias e sabedoria.

Uma das histórias que mais me chamaram a atenção foi sobre seus inimigos: os mongóis. Apesar de serem semelhantes aos japoneses em muitos aspectos, a forma como eles abordam a guerra é completamente diferente da forma dos japoneses.

Os mongóis têm uma visão do combate muito mais pragmática. Para eles, a honra no campo de batalha está na vitória, independentemente dos métodos usados para alcançá-la. Ouvi com horror algumas das estratégias deles, como emboscadas e diversas táticas de terror psicológico.

Já os samurais, por outro lado, seguem um rigoroso código de conduta chamado Bushido, que enfatiza a honra, a lealdade, o respeito e a coragem. O combate para eles estava profundamente entrelaçado com princípios morais que transcenderam a simples vitória.

Por isso, enquanto os mongóis armam emboscadas para os samurais, os samurais não atacam os mongóis pelas costas, nem tentam enganá-los, pois uma vitória sem honra não vale a pena ser vivida.

Hoje, enquanto conversávamos durante o almoço, essa história me levou a uma memória querida, de quando eu era jovem.

No início da minha carreira, decidi celebrar meu primeiro salário de estagiário levando a família para um rodízio japonês. Sentar à mesa com meus pais, ver os seus rostos iluminados pelo prazer da refeição – senti-me capaz, pela primeira vez, de proporcionar algo significativo para as pessoas que amo, um momento de gratidão por todo o apoio e confiança que eles depositaram em mim… ou seja, senti-me capaz de honrá-las.

Quando a conta chegou, no entanto, ainda que eu tivesse estimado o valor e me preparado para a ocasião, a insegurança tomou conta de mim. "E se o pagamento for recusado?", pensei enquanto entregava o cartão de crédito ao garçom.

Para o meu alívio, deu tudo certo e eu não precisei passar a noite lavando pratos manchados de molho shoyo. Mas eu nunca me esqueci daquela sensação de ter o acesso negado a algo que eu tinha como garantido, e a honra terminar em desonra. E eu jamais imaginaria que esse mesmo medo voltaria a me assombrar muitos anos depois, quando eu já era um homem muito bem-sucedido.

Quando você nasceu, eu decidi começar a mapear a árvore genealógica da nossa família. Queria que você conhecesse as suas raízes e entendesse o legado e a responsabilidade que nós carregamos de honrar o que foi feito para nós no passado. E foi durante essa pesquisa que descobri a história do relógio que eu lhe daria de presente no seu aniversário de dezoito anos.

Na semana em que o comprei, os abutres da mídia noticiaram que eu havia adquirido um antigo relógio italiano “por um valor exorbitante”. Os sites de fofoca e as redes sociais me transformaram em um monstro ganancioso que gastou o valor de um apartamento em um objeto que mostra as horas. Quando você ficou sabendo do valor que eu supostamente havia gastado, ficou tão revoltada que nem sequer me deixou explicar quando eu lhe dei de presente. De fato, se eu sempre critiquei as pessoas que gastam essa quantidade de dinheiro em frivolidades, então por que eu o fiz?

Quando a nossa família imigrou para o Brasil, meus bisavós não tinham muita coisa. Imagine chegar a uma terra estrangeira sem falar a língua, sem conhecer ninguém? Mesmo assim, fizeram o possível para dar aos filhos as oportunidades que toda mãe e pai sonham. E um dos poucos bens que meu bisavô trouxe consigo da Itália foi um relógio, que ele deu ao seu filho como um presente, marcando o início de uma nova vida no país. Meu avô, entretanto, anos depois, em tempos de dificuldades, foi obrigado a penhorá-lo, e assim o relógio se perdeu para sempre. Ou assim pensávamos.

Quando você nasceu, Lídia, fiquei inspirado a pesquisar mais sobre as nossas raízes, e acabei me deparando com essa história. Determinado a retornar o relógio aos verdadeiros donos, passei mais de uma década usando os recursos que tinha para rastreá-lo, até finalmente descobrir que o objeto fazia parte da coleção pessoal de um colecionador de peças históricas – um homem recluso e extremamente rico. Tentei entrar em contato com ele para fazer uma oferta, mas o sujeito se recusou a sequer me encontrar ou ouvir minha proposta, alegando que não tinha interesse em se desfazer de nenhum item de sua estimada coleção, não importando a quantia oferecida.

Após inúmeras tentativas frustradas, finalmente desisti da empreitada. Lembro-me de que era Natal, e acabei sendo o "Grinch" da festa lá em casa, desabafando com os amigos e familiares sobre meu fracasso.

Após a virada do ano novo, recebi uma ligação inesperada; tratava-se do próprio colecionador de antiguidades, dizendo que gostaria de vender o relógio para mim. Estupefato, agradeci imensamente e perguntei o que o fizera mudar de ideia. Ele explicou que a esposa dele e a esposa do tio Saito tinham sido amigas de faculdade, veja só, e que, graças a essa proximidade, Hiroshi conseguiu acesso ao colecionador e teve a oportunidade que eu nunca tive: transmitir a importância emocional e histórica daquele relógio para a nossa família, algo que nem toda a fortuna do mundo poderia fazer.

Levei mais de uma década para aprender que ter dinheiro não significa necessariamente ter acesso.

O dinheiro e a fama abrem muitas portas, sim, mas a verdadeira chave da vida está nas conexões humanas, e nas pessoas que decidimos honrar – assim como aquelas que nos honram. Um rei pode mandar comprar o maior dos castelos,

O DINHEIRO E A FAMA ABREM MUITAS PORTAS, SIM, MAS **A VERDADEIRA CHAVE DA VIDA ESTÁ NAS CONEXÕES HUMANAS**, E NAS PESSOAS QUE DECIDIMOS HONRAR – ASSIM COMO AQUELAS QUE NOS HONRAM.

– THIAGO NIGRO

mas não pode comprar um lar. Um empresário pode comprar a cama mais confortável, mas, se ele conseguiu esse dinheiro com desonra, nunca será capaz de dormir tranquilo. E podemos lutar a vida toda pelo dinheiro, mas, sem honrá-lo e sem honrar quem está ao nosso lado… esse dinheiro será tão útil quanto o pó, se tornando não um símbolo do nosso sucesso, mas uma denúncia da nossa vaidade.

Essa lição, espero, é um dos presentes mais valiosos que posso deixar para você.

2 DE JULHO DE 1281, KANTO, JAPÃO

Minha filha,

Hoje fui incumbido de acompanhar Nobuyuki Saito e seu neto, Takeshi, até a propriedade de um grande amigo deles, um senhor muito próspero chamado Tomonori Oda. Assim que chegamos à pomposa residência Oda, entretanto, ficou evidente o contraste entre o vigor do patriarca Saito e o estado lamentável em que se encontrava seu velho companheiro.

Tomonori, outrora sinônimo de energia e prosperidade, tornara-se um idoso inchado, letárgico e doente – fruto de uma vida de prazeres e excessos, segundo Takeshi depois me confidenciou. As mãos que no passado empunhavam espadas e canecas de saquê com a mesma voracidade agora tremiam ao amparar uma simples taça de chá.

Nobuyuki sentou-se ao lado do velho guerreiro e, com sua costumeira calma, tentou injetar algum alívio naquela alma aflita, conversando sobre os dias melhores. Takeshi, jovem e atento, observava em silêncio. Eu, ainda mais quieto, permaneci a distância, como deveria.

À minha frente, desenhava-se um contraste não simplesmente de gerações, mas de hábitos.

Enquanto Takeshi representava a juventude ao lado de um avô que envelhecera com a robustez e a dignidade de um antigo navio de guerra, Tomonori Oda era o testemunho doloroso do que acontece quando se descuida da própria saúde.

Dono de riquezas imagináveis, ele hoje trocaria cada moeda por uma noite de sono indolor. Sim, o homem havia acumulado tesouros, terras e posses, porém negligenciara o bem mais precioso que tinha: o corpo. Agora, sua fortuna era gasta em remédios, médicos e curandeiros, cada um prometendo uma cura milagrosa, enquanto sua família via-se em uma vigília perpétua de sofrimento.

Quantos empreendedores, obcecados pela busca incessante por riquezas, não trilham o mesmo caminho? Passam décadas sacrificando horas de sono, negligenciando refeições e exercícios e ignorando os sinais de alerta do próprio corpo. Tudo em nome de um sucesso que, ironicamente, os leva a gastar tudo o que conquistaram em tratamentos nos últimos anos de vida. Vejo isso repetidas vezes, em todos os tempos e lugares onde estive. Um lembrete severo de como a saúde é o investimento mais subestimado que existe.

Isso me faz pensar na nossa própria família, especialmente no lado da sua mãe. Sei que você sabe que ela perdeu o pai, seu vovô Mario, para o câncer quando ainda era menina. Mas não sei se a sua mãe te contou que, após Mario partir, ela perguntou para a sua avó: “O que o papai vai comer lá no céu, mamãe?”. E que a sua avó respondeu com leveza: “No céu, Lídia, só se come aquilo que a natureza nos dá, as coisas que fazem bem ao nosso corpo”.

Foi ali que sua mãe se tornou uma defensora fervorosa de uma vida saudável, dedicando a vida profissional a educar os outros sobre saúde e alimentação.

Na jornada em busca da prosperidade, é fácil perdermos de vista o que realmente importa. Cuidar da saúde é mais do que um investimento em si mesmo; é uma herança de tempo que deixamos para aqueles que amamos, para que não tenham de pagar o preço de nossas escolhas equivocadas.

15 DE AGOSTO DE 1281, KANTO, JAPÃO

Minha filha,

Hoje, Takeshi chegou correndo nos estábulos trazendo notícias importantes (notícias pelas quais eu, graças à minha vantajosa perspectiva de viajante do tempo, aguardava ansiosamente): a Marinha dos mongóis de Kublai Khan foi severamente devastada por tufões furiosos no mar – tufões que os japoneses passaram a chamar de "Vento Divino". Agora uma curiosidade que eu aposto que você não sabia: "Vento Divino" nada mais é do que a tradução da palavra japonesa "kamikaze". A maioria das pessoas conhece o termo por conta dos pilotos japoneses suicidas da Segunda Guerra Mundial, mas não tem ideia da sua origem.

Os japoneses ainda não sabem, mas esse acontecimento marca o início do fim desta segunda tentativa de conquista, pois, sem os navios para transportar as tropas e os suprimentos, a campanha de invasão vai se tornar inviável e os mongóis serão forçados a recuar.

"A natureza nos lembra que, por mais que planejemos, há fatores que não podemos prever", falou Nobuyuki Saito para o neto, em nossa conversa hoje ao final do dia. "O guerreiro experiente precisa aprender a se adaptar e reagir rapidamente às mudanças que nos são impostas."

De fato, os mongóis, por mais poderosos que fossem, não estavam familiarizados com a geografia, o clima e as capacidades navais do Japão. Eles também não estavam preparados para lidar com a topografia acidentada e as águas traiçoeiras que cercam as ilhas. A falta de entendimento do ambiente local os deixou vulneráveis, resultando em uma derrota devastadora.

As palavras do mestre Nobuyuki me fizeram refletir sobre como falhei em tentar dialogar com você sobre a sua carreira, filha. Sei que acha que, sempre que demonstro preocupação, isso significa que não tenho fé no seu talento. Isso está longe da verdade. A questão é que, sendo esta uma profissão especialmente desafiadora em termos financeiros, você deve estar ciente dos desafios e das nuances do campo que escolheu; assim como os mongóis dependeram demais de sua Marinha, minha sugestão é que você não dependa de uma única fonte de renda. Prepare-se para o inesperado e trace um plano financeiro sólido; ter uma base segura lhe permitirá focar sua arte sem o constante estresse financeiro, até que você se estabeleça na sua carreira.

Sabedoria financeira é sobre isso.

Assim como os mongóis falharam por não entenderem o ambiente em que estavam operando, nós também podemos falhar se não tivermos uma compreensão completa dos fatores que influenciam as nossas decisões financeiras.

Sim, eu me incluo aqui também.

Levando a metáfora para a minha área, por exemplo, ao investir em mercados estrangeiros (como os mongóis tentaram fazer), é essencial que eu compreenda a economia local, as políticas governamentais, a estabilidade política e as nuances culturais desse novo cenário. Ignorar esses fatores pode levar a decisões mal-informadas e a potenciais perdas financeiras (muitas vezes catastróficas). Assim como os mongóis não deveriam ter subestimado o poder dos tufões, um investidor nunca deve subestimar o impacto de uma mudança política ou de um evento econômico significativo.

Tanto para o samurai quanto para o empreendedor e o artista, a flexibilidade e a capacidade de se adaptar às mudanças podem fazer a diferença entre o sucesso e o fracasso. Você nunca moverá o mundo se não move nem a si mesmo.

A FLEXIBILIDADE E A CAPACIDADE DE SE ADAPTAR ÀS MUDANÇAS PODEM FAZER A DIFERENÇA ENTRE O SUCESSO E O FRACASSO. **VOCÊ NUNCA MOVERÁ O MUNDO SE NÃO MOVE NEM A SI MESMO.**

– THIAGO NIGRO

1 DE SETEMBRO DE 1281, KANTO, JAPÃO

Minha filha,

Na noite passada, tive um sonho, ou talvez um pesadelo, que me deixou intrigado. Vou registrá-lo aqui neste diário, na esperança de que essas palavras encontrem algum significado.

Eu estava de volta ao Egito. Às margens de um grande rio, vi-me plantando uma pequena semente. Da semente nasceu uma pequena planta, mas ventos fortes a cobriram de areia, transformando o cenário em um deserto escaldante. Desesperado, comecei a cavar a areia quente até ver novamente a plantinha surgir na superfície, abrindo suas primeiras folhas. Mal respirei aliviado quando os céus subitamente escureceram e uma violenta tempestade alagou o deserto, cobrindo a planta novamente e me forçando a nadar para sobreviver. Mergulhei o rosto na água turva em busca da planta, mas as águas secaram tão rapidamente quanto surgiram, revelando uma pequena árvore solitária em um campo infinito de flores brancas. Ao dar os primeiros passos em sua direção, outras árvores começaram a crescer rapidamente ao seu redor, fazendo-a desaparecer em meio a uma floresta de proporções surreais. Caminhei por entre os novos troncos altos e então me deparei com uma estranha cidade em ruínas; ali, no centro de uma praça abandonada, vi que a semente que plantei havia finalmente se transformado em uma árvore viçosa, repleta de maçãs vermelhas. Eu me aproximei para catar um dos belos frutos, mas então despertei.

Como gostaria de poder consultar meu amigo Yusef para interpretar esse sonho! Mas, como a Tábua do Tempo infelizmente não faz videochamadas, me contentei em sair para pescar não muito longe do sítio dos Saito, aproveitando o silêncio da manhã para refletir.

Enquanto pescava, fui abordado por um estranho homem magro de roupas negras e elegantes. O sujeito era educado, porém algo em seu sorriso me deixou inquieto – era como se ele me conhecesse fazia tempos, mas eu não conseguisse me lembrar de quem ele era, entende?

“Meu nome é Sr. Kurayami”, ele se apresentou com uma reverência.

“Também veio pescar, Sr. Kurayami?”, perguntei.

“Oh, acho que posso dizer que estou, sim, atrás de um peixe grande”, respondeu ele, avaliando minha cesta abarrotada. “Vejo que o lago foi generoso com o senhor nesta manhã... Devo presumir que tem uma família grande para alimentar?”

“Sempre que venho aqui pescar levo alguns para os outros servos do sítio onde trabalho”, respondi.

O homem esboçou um sorriso desdenhoso. “Então você escolhe trabalhar na hora do seu descanso?”, falou ele.

“Bom, eu aprendi desde cedo que o homem que faz mais do que lhe é pago em breve será bem pago pelo que faz”, rebati, limpando o sorriso do rosto do sujeito. Não querendo ser rude, contudo, emendei com uma pergunta trivial: “E o que o senhor faz da vida, Sr. Kurayami?”.

“Eu interpreto e realizo sonhos”, disse ele. “O senhor gostaria que eu interpretasse um sonho seu?”

Pego de surpresa, concordei com um hesitante aceno de cabeça e lhe contei.

"O seu sonho, viajante, me diz que a sua filha também está perdida, assim como você", falou ele. "Sempre um passo atrás do pai, apegada à metade de um presente partido que espera remendar."

Fiquei paralisado ao ouvir aquilo. A outra metade da Tábua do Tempo, é claro, pensei, visualizando você pegando-a do chão do escritório e sendo catapultada através da história, como eu. Me sentindo extremamente culpado, perguntei ao Sr. Kurayami como eu poderia reencontrar você, ou pelo menos enviá-la de volta para casa.

"Livre-se da metade do fardo que você carrega consigo, venda-o para mim e eu o ajudarei a se reunir com sua filha", respondeu ele.

Quando o homem de preto fez sua proposta, encarei-o com desconfiança, afinal de contas, como já diria o seu avô, "o único lugar onde existe almoço grátis é na ratoeira". E, acredite, seu velho pai aqui já enfrentou homens poderosos que me fizeram propostas boas demais para serem verdade antes, mas havia algo profundamente errado com aqueles olhos negros – uma escuridão antiga, algo maligno e inquietante que me fez estremecer. Por um breve momento, fiquei pego entre dois sentimentos conflitantes: o ímpeto de salvar você a qualquer custo e a necessidade de confiar em meus próprios instintos.

“Não”, eu disse, tentando esconder o receio na minha voz. “Não venderei a metade do fardo que carrego. Encontrarei minha filha por meus próprios meios.”

O sorriso inquietante do Sr. Kurayami se desmanchou. “Não pense você que o mundo é justo com quem é justo”, falou ele.

“Veremos”, retruquei. “O tempo será a balança da justiça.”

“Acha mesmo que comprou o bastante deste tempo?”, falou o homem misterioso, antes de se afastar do lago e me deixar sozinho com os peixes e com uma última provocação: “Nós nos encontraremos outras vezes, viajante”.

Sem saber exatamente o que achar daquele encontro, encarei a superfície do lago e pensei na caótica dança de sobrevivência oculta sob as águas. Assim como na natureza, me parece que os predadores do mundo real também se aproveitam de quando estamos sozinhos para nos abordar. Nunca se isole, filha; quando o peso do mundo cair sobre seus ombros, confidencie suas dificuldades àqueles em quem você confia. Aprenda a encontrar alívio nas repreensões dos sábios, nas correções daqueles que enxergam o que você ainda não consegue. Não tema o conselho que fere, pois ele ilumina os cantos mais obscuros da mente, dissipando as trevas que ali se acumularam. Lembre-se de que reconhecer que não somos feitos para enfrentar tudo sozinhos é um ato de profunda sabedoria.

QUANDO O PESO DO MUNDO CAIR SOBRE SEUS OMBROS, CONFIDENCIE SUAS DIFICULDADES ÀQUELES EM QUEM VOCÊ CONFIA. APRENDA A ENCONTRAR ALÍVIO NAS REPREENSÕES DOS SÁBIOS, NAS CORREÇÕES DAQUELES QUE ENXERGAM O QUE VOCÊ AINDA NÃO CONSEGUE.

– THIAGO NIGRO

Se o enigmático Sr. Kurayami falou a verdade, é possível que você, filha, apareça no Japão pouco depois que eu desaparecer daqui. E para onde e quando a Tábua do Tempo me levará? Não tenho ideia. Mas sei que talvez eu não tenha uma melhor oportunidade de fazer com que este diário chegue em suas mãos, então farei mais uma aposta e o deixarei sob os cuidados dos Saito, com instruções para que o entreguem a você.

Que todas as lições que tirei dessa estranha viagem até agora possam te guiar e confortar até que nos reencontremos.

Com amor e fé,

Seu pai

CAPÍTULO 11

O HOMEM QUE COMPROU O TEMPO

Lídia sentiu o mundo se tornar gelado e silencioso. Ela abriu os olhos, mas só enxergou a escuridão. Tentou respirar, e as narinas foram inundadas de água salgada. Instintivamente, nadou para cima.

Alcançando a superfície, Lídia tossiu e buscou por ar enquanto um inferno estourava ao seu redor. Estava em alto-mar, a noite aquecida pelas chamas que engoliam os restos de um enorme navio militar que afundava a poucos metros de onde ela surgira. Aviões riscavam os céus em alta velocidade, lançando rajadas de tiros e bombas sobre outras embarcações que, por sua vez, respondiam com disparos intensos. O barulho ensurdecedor das explosões e dos motores era cortado pelos gritos angustiados dos homens ao mar, lutando para sobreviver em meio à destruição.

Segurando firme a sua metade da Tábua do Tempo, Lídia começou a nadar para longe do navio em chamas quando avistou um jovem soldado lutando para se agarrar a um pedaço de madeira. Indo em sua direção, a menina o ajudou a se estabilizar no destroço.

– Segure firme, vamos sair daqui – disse ela, tentando soar confiante. O homem parecia em choque, o olhar vidrado de terror.

Lutando contra a corrente da água gélida, Lídia e o soldado usaram todas as forças que tinham para nadar em direção à costa. Quando seus pés finalmente tocaram a areia da praia, eles cambalearam exaustos em direção às margens da cidade, onde a guerra havia deixado cicatrizes profundas. Os edifícios semidestruídos, as ruas desertas e os sons distantes de combates os acompanharam enquanto procuravam um lugar para se refugiar – encontraram uma residência, suas paredes em ruínas e telhado parcialmente desabado, mas oferecendo algum abrigo do vento frio da noite.

Dentro da casa, Lídia e o soldado foram até o quarto de casal e trocaram as roupas molhadas por algumas que os antigos moradores haviam deixado para trás. Em seguida, o homem vasculhou a cozinha até achar os materiais para acender uma fogueira improvisada com pedaços de móveis e tecidos.

Enquanto ele tentava acender a chama, Lídia se acomodou em uma cadeira e discretamente examinou a sua metade da Tábua do Tempo. Certificando-se de que a relíquia estava intacta, a jovem então a escondeu no bolso da blusa quando algo familiar em seu antebraço chamou sua atenção – o bracelete de seda que ela usava no Japão havia retornado à sua forma verdadeira: o antigo relógio italiano que seu pai lhe dera de aniversário de dezoito anos. Contudo, o objeto parecia levemente mais gasto do que ela se lembrava, com pequenos arranhões e marcas de desgaste que antes não estavam lá.

– Sabe, se não fosse por você, eu provavelmente não estaria vivo, obrigado – disse o soldado, aquecendo as mãos trêmulas próximo ao fogo. – Qual o seu nome?

– Lídia – respondeu ela, juntando-se a ele. – E o seu?

– Meu nome é Vincenzo – disse o rapaz. – Como você foi parar no meio do mar, como eu?

Lídia hesitou por um instante, tocando a sua metade da Tábua do Tempo que escondera em um bolso do vestido.

– Eu... estava em um barco pesqueiro quando fomos pegos de surpresa pelo ataque – inventou ela. – A embarcação foi destruída e eu acabei sozinha no mar, tentando sobreviver.

– Meu Deus, e seus companheiros de pesca?

– Infelizmente, acho que não sobreviveram – disse ela.

Vincenzo encarou as chamas por alguns instantes. Ele então tirou sua pistola do coldre e a examinou, cabisbaixo.

– Os homens poderosos que criaram este conflito, eles... Eles nos dizem que estamos lutando por uma causa nobre, mas tudo o que vejo são amigos morrendo, famílias sendo destruídas – falou o rapaz, a desilusão e a raiva queimando seus olhos. – Nossos líderes descansam em suas cadeiras confortáveis, latindo decisões que destroem milhões de vidas. Somos peças descartáveis em um jogo sujo e sem regras. Em nome de quê? Qual é o propósito real disso?

– Você tem uma família? – perguntou Lídia.

– Tenho esposa e dois filhos pequenos – respondeu o rapaz, guardando a arma e tateando o uniforme. Ele então tirou de um dos bolsos uma fotografia molhada, mas nítida o bastante para que Lídia o identificasse com a mulher e um casal de crianças. – Sofia é a mulher mais forte e corajosa que já conheci, é uma mãe maravilhosa. Mario é o mais novo, tem sete anos. Ele é curioso e já faz perguntas sobre o mundo que nem sempre eu sei responder. Maria tem oito, está sempre sorrindo, tem um talento natural para desenhar.

– Que coincidência, eu também adoro desenhar – falou Lídia.

– Se escaparmos vivos dessa, vou apresentá-la a você, então. – O rapaz sorriu.

– Não podemos perder a esperança.

Vincenzo a encarou, seus olhos refletindo uma nova faísca.

– Sim, esta guerra sem sentido me afastou de tudo que eu amo, mas não vou deixar que destrua a minha esperança de um futuro melhor para eles – falou ele, guardando a fotografia. – E você, fale-me sobre a sua família.

– Bom... Minha mãe é a mulher mais forte que conheço – falou Lídia. – Ela tem uma habilidade incrível de fazer com que todos ao seu redor se sintam seguros, sabe? Minha avó é professora, aposentada. Ela é durona, principalmente com a minha mãe, mas as duas são inseparáveis... Meu avô faleceu há alguns anos. Eu ainda era pequena, mas me lembro dos olhos dele, olhos gentis, sabe?

– E o seu pai? – Vincenzo perguntou.

– Meu pai... – começou ela, escolhendo as palavras com cuidado. – Sabe, se você me perguntasse isso tempos atrás, eu o descreveria como um homem que tem todas as respostas na ponta da língua, mas... Mas recentemente eu percebi que ele é muito mais do que isso.

Sim, ele é sábio, mas é também uma pessoa falha, cuja sabedoria justamente veio da sua capacidade de crescer com cada experiência.

Muitas pessoas que o conheceram diriam que ele descobriu como comprar o tempo... mas eu digo que o meu pai descobriu que o tempo é inestimável, pois ele sabe o que significa perdê-lo.

E assim, ao som do crepitar da fogueira, Lídia passou a noite compartilhando com Vincenzo os aprendizados que coletara em sua jornada, omitindo apenas o fato de que ela e o pai eram viajantes do tempo. A menina lembrou-se com carinho de um generoso casal de vendedores de leite de cabra cuja vida fora transformada por um forasteiro que os ensinou a lei da semeadura. Descreveu também o governador de uma nação ameaçada pela fome, e como ele e um carcereiro encontraram grandes lições ao observarem juntos as formigas de uma cela fria. Lídia contou sobre como a relação entre prosperidade e liberdade mudou a perspectiva de dois soldados acerca da própria sociedade em que viviam, ao passo que seu líder – um homem rígido, porém justo – aprendeu com um de seus marujos que a moeda do tempo é a mais valiosa de todas, pois, ao contrário de outros bens materiais, não pode ser recuperada uma vez que é perdida. A jovem relatou sua estadia com uma família de guerreiros de postura e honra inabaláveis, que, ao oferecerem abrigo e trabalho a um andarilho, receberam a amizade e a sabedoria de alguém ciente de que aqueles que amam o sono raramente conquistam algo.

Fascinado, Vincenzo escutou atentamente essas e outras muitas lições que Lídia aprendera, até que os primeiros raios de sol começassem a entrar pelas frestas das janelas da casa.

– Seu pai parece ser um homem realmente extraordinário – falou o jovem soldado. – Sei que você ainda não tem filhos, Lídia, mas, se algum dia tiver, acredite em mim; vai ficar ansiosa para ensinar a eles tudo de bom que aprendeu com seus pais... Mas também vai ficar apavorada com a ideia de cometer os mesmos erros que eles cometeram com você.

Com o olhar fixo nas brasas já fracas da fogueira, Lídia passou os dedos sobre o relógio no punho, pensando sobre o que o homem havia dito.

– Acabo de me dar conta de que perdi o meu – falou Vincenzo, bocejando.

– O quê?

– Meu relógio. – O soldado passou a mão no antebraço vazio. – Quando eu caí no mar, a pulseira deve ter arrebentado. Você não vai acreditar, mas, agora que reparei, ele era muito parecido com o seu.

– Ah, esse relógio foi um presente do meu pai – disse a menina. – Um presente cujo significado eu só entendi há pouco tempo...

Lídia se interrompeu, o turbilhão de pensamentos paralisando sua mente. Ela encarou o rosto cansado de Vincenzo, que a mirou de volta, intrigado pela expressão assombrada e repentina da sua companhia.

– O que houve, Lídia? – indagou ele.

Calada, a menina tirou o relógio do punho.

– V-você... – ela começou a falar, entregando o objeto para o jovem soldado. – Você precisa ficar com isso.

– O quê? Não, eu não posso aceitar – ele recusou com um erguer educado da mão. – Não se preocupe, eu comprarei outro relógio quando voltar para casa, eu só...

– Vincenzo, me escute, você *precisa* aceitar. – Lídia agarrou a mão do homem e lhe entregou o relógio quase que à força. – Acredite, e-eu... Eu quero muito que você fique com ele, eu... Sei que acha que eu salvei você lá no mar, mas, sabe, você me salvou também... a mim e ao meu pai, você só ainda não sabe disso.

Desconcertado, Vincenzo aceitou o relógio e o colocou no punho.

– Bom... obrigado – disse o rapaz, sem jeito.

Com a chegada da manhã, Vincenzo e Lídia deixaram o refúgio improvisado e seguiram para o interior da cidade, na esperança de encontrarem ajuda. Os bombardeios, entretanto, haviam reduzido o local a ruínas abandonadas – sob ecos distantes de explosões, a menina e o soldado caminharam por ruas desertas, onde carros queimados e vitrines quebradas compunham um trágico retrato desbotado da vida que um dia existira ali.

Após uma longa caminhada sem encontrar ninguém, os dois avistaram uma pequena casa ainda inteira – um milagre em meio à devastação. Uma senhora de idade varria a soleira da porta, os cabelos brancos presos em um coque apertado. Entusiasmada, Lídia se adiantou até ela, certa de que reconheceria um rosto familiar, porém se desanimou quando a mulher se virou.

– Ah, olá – disse a senhora, apoiando-se na vassoura. Seus olhos castanhos brilhavam com uma mistura de compaixão e firmeza, refletindo uma vida de resiliência. – Você me parece desapontada, minha jovem.

– Me desculpe, é que... Por um momento eu achei que você fosse outra pessoa – respondeu Lídia.

– Vocês dois parecem perdidos – falou a mulher, vendo o soldado se aproximar. – Mas acho que todo mundo parece perdido em meio a um lugar como esse.

– Olá, eu sou a Lídia, esse é o Vincenzo – falou a menina. – O que a senhora está fazendo aqui?

– Ora, eu *moro* aqui.

– Ah, eu... eu quis dizer *aqui*, aqui – Lídia apontou meio sem jeito para os arredores destruídos.

– Não consegui sair quando os bombardeios começaram – a mulher suspirou. – Mas, de alguma forma, minha casinha escapou inteira, então pensei "alguém tem que ficar para contar a história, não é?".

Lídia e Vincenzo sorriram.

– Meu nome é Elisabete – disse ela, abrindo a porta da humilde residência. – Entrem, por favor, vocês devem estar cansados e famintos.

Vincenzo e a menina aceitaram a oferta, descobrindo um lar simples, mas acolhedor. Uma lareira aquecia a sala mobiliada com móveis antigos e um ar de conforto que contrastava com o cenário deprimente lá fora.

Sentado à mesa de jantar estava um outro soldado.

O homem de meia-idade estava terminando uma tigela de sopa quando o casal adentrou a residência. Ele estava sujo, tinha a aparência cansada, e vestia um uniforme militar diferente daquele que Vincenzo usava antes de se trocar no abrigo com Lídia.

Vincenzo instintivamente sacou sua pistola e a apontou para o soldado inimigo, que ergueu as mãos em rendição e suplicou algo em uma língua estrangeira.

– V-Vincenzo, por favor! – exclamou Lídia, agarrada ao braço de Elisabete.

Os soldados se encararam por uma pequena eternidade até que a máscara endurecida de Vincenzo lentamente se desmanchasse de desilusão. Deixando os ombros caírem, o rapaz baixou a arma, guardou-a no coldre e se deixou sentar em uma das cadeiras, a expressão perdida na cesta de pães sobre a mesa.

O soldado inimigo alternou o olhar apreensivo entre os presentes, e então cautelosamente baixou as mãos.

– Este homem bateu à minha porta esta manhã – explicou Elisabete, buscando mais tigelas e colheres no armário. – Apesar de falar outra língua, ele deu a entender que estava perdido e com fome. Eu não vejo *uniformes*, vejo o *coração* das pessoas, e por isso o ajudei.

Lídia se sentou ao lado de Vincenzo enquanto a anfitriã servia sopa para todos. A senhora então trouxe mais uma cesta de pães e se juntou à mesa, onde os quatro compartilharam a refeição em silêncio, como se por alguns minutos o caos lá fora fosse um velho pesadelo esquecido. Usando gestos para que o soldado estrangeiro os compreendesse, o grupo aos poucos se soltou e começou a conversar, e não demorou para que algumas risadas tímidas surgissem.

O estrangeiro, com uma expressão de curiosidade, gesticulou para Vincenzo e perguntou algo em sua língua. Vincenzo entendeu o gesto e respondeu:

– Vincenzo – disse ele, apontando para si mesmo.

O estrangeiro sorriu e repetiu o nome com um forte sotaque. Em seguida, olhou para Lídia, esperando que ela se apresentasse.

– Lídia – disse ela, simpática.

O homem paralisou. Intrigado, ele a estudou de cima a baixo, e em seguida a Vincenzo. O estrangeiro então se virou e enfiou a mão na bolsa de colo, procurando por algo. Vincenzo instintivamente levou a mão à sua pistola, mas relaxou quando o soldado tirou um estranho embrulho amassado da bolsa e o pousou sobre a mesa.

Cautelosamente, o estrangeiro desembrulhou o pacote, revelando uma das metades da Tábua do Tempo.

Vincenzo, confuso, olhou para Elisabete e depois para Lídia, que encarava a relíquia, boquiaberta. Com as mãos trêmulas, a jovem tirou a sua metade da Tábua do Tempo do bolso da roupa e a colocou sobre a mesa, ao lado da outra peça.

– P-pai…? – arriscou ela.

O soldado estrangeiro sorriu emocionado. Pai e filha se levantaram e se abraçaram, as lágrimas escorrendo por seus rostos cansados. Vincenzo lançou um olhar perplexo para Elisabete, mas a senhora de cabelos brancos não parecia surpresa; com um sorriso sutil, ela pegou as duas metades da Tábua do Tempo e as juntou com naturalidade, como se já o tivesse feito muitas outras vezes. E, ao se tornar uma única peça novamente, a relíquia se acendeu como uma lanterna, banhando a residência inteira com sua intensa luz esmeralda.

Sentindo-se segura e completa pela primeira vez em muito tempo, Lídia fechou os olhos, permitindo que a luminosidade e o abraço do pai a envolvessem.

EPÍLOGO

Lídia abriu os olhos e se deparou com a tela do celular, o aplicativo de conversa aberto ao final da conversa com sua mãe. Atordoada, a jovem baixou o aparelho e olhou ao redor; apressados por todo o jardim decorado, garçons exaustos e serventes do bufê recolhiam toalhas de mesa, empilhavam assentos e recolhiam copos de cristal que havia menos de uma hora tinham servido os alegres convidados de sua festa de aniversário de vinte anos.

Ela estava de volta.

Ajustando o desconfortável vestido elegante, Lídia se levantou do banco onde estava sentada e varreu o cenário à procura do pai, mas não o avistou entre os funcionários e últimos convidados que se despediam do evento. A menina então tateou o corpo à procura da Tábua do Tempo, mas não a encontrou. Olhou para o braço e viu que o relógio que tinha dado a Vincenzo havia retornado ao seu punho, os ponteiros movendo-se com a graça silenciosa da precisa maquinaria italiana dos anos 1940.

Diferentemente da culpa que ela antes sentia ao usá-lo, Lídia agora compreendia o peso simbólico daquele objeto.

Não se tratava apenas de uma máquina de medir o tempo, mas de um elo invisível entre a semente e o fruto.

E o que Lídia agora compreendia era que o verdadeiro segredo não estava no fruto em si, mas na semente que plantava o futuro: o *acesso*. Seu pai sabia disso desde o início. Ele havia rompido a barreira do tempo porque nunca limitara sua visão ao presente. Sempre enxergou o que os outros não eram capazes. Ele compreendia que o acesso – não o dinheiro, o poder ou a influência – era a verdadeira alavanca do potencial que movia as coisas que realmente importavam.

Muitos buscavam o fruto, poucos compreendiam que tudo começava na semente – o *acesso*. E Lídia agora enxergava que o acesso, por si só, não existia sem duas coisas fundamentais: a *vontade esclarecida* e a *raiz fortalecida*.

A vontade esclarecida, a jovem refletiu, era o início de tudo. Quando alguém não busca por nada, nada encontra. Mas, no momento em que se começa a buscar por algo, as oportunidades começam a se revelar; como uma cortina suavemente puxada para o lado, aquilo que já estava presente no mundo finalmente se mostra. Assim como uma estrela-guia que só aparece na escuridão, a vontade esclarecida ilumina aquilo que sempre esteve lá, esperando ser visto. A oportunidade não é criada do nada – ela já existe. Mas apenas quando alguém tem a intenção clara de encontrá-la é que ela se revela. Sem essa vontade, Lídia sabia, muitos passariam pela vida cegos para as oportunidades ao redor, sem enxergar o potencial à espera de ser descoberto.

QUANDO ALGUÉM NÃO BUSCA POR NADA, NADA ENCONTRA. MAS, NO MOMENTO EM QUE SE COMEÇA A BUSCAR POR ALGO, AS OPORTUNIDADES COMEÇAM A SE REVELAR.

– THIAGO NIGRO

Mas a vontade esclarecida, embora poderosa, não era suficiente. Ela era apenas o primeiro passo. A *raiz fortalecida* era o que garantia que, quando a oportunidade se revelasse, a pessoa estaria pronta para aproveitá-la. Não bastava estar de frente para a porta certa se não estivesse preparada para cruzá-la. A raiz fortalecida representava muito mais do que simplesmente conhecimento adquirido; ela vinha da experiência vivida no campo de batalha da vida. Lídia sabia que algumas lições não podiam ser ensinadas; precisavam ser vivenciadas.

Não basta ler sobre a tempestade, é preciso enfrentá-la. O valor próprio era forjado nas provações, nas dores e nas dificuldades que a vida impõe, porque é ali, nos momentos mais difíceis, que o caráter é moldado.

Seu pai não apenas buscava as oportunidades, ele vivia preparado para elas. Cada batalha que enfrentou, cada desafio superado o lapidou, tornando-o digno do acesso que conquistava. Ele sabia que o valor próprio não se elevava apenas pelos livros ou palavras, mas pelo que se vivia na prática, pela experiência real. O campo de batalha da vida era onde o verdadeiro valor se construía. Sem essa vivência, por mais que a oportunidade se apresentasse, a pessoa não estaria pronta para aproveitá-la.

Lídia respirou fundo e, pela primeira vez em muito tempo, sentiu um sorriso de alívio se formar em seu rosto. Não o sorriso de uma vitória fácil, mas o resultado de uma jornada intensa, repleta de desafios. Frustração, tristeza, apreensão; quantas vezes ela havia se sentido à beira de algo, sem nunca alcançar? Mas, agora, olhando para trás, Lídia entendia que os momentos em que mais sofrera foram também os que mais a moldaram. A luta para evoluir a havia transformado. E aquele sorriso era o reflexo de uma paz interna que vinha depois da tempestade. Porque finalmente ela compreendia:

---

as dificuldades não eram obstáculos ao crescimento. Elas eram o próprio crescimento.

E, assim, o relógio em seu punho parecia mais leve, e ao mesmo tempo mais significativo. Seu pai havia lhe presenteado com mais do que um objeto; ele lhe dera uma compreensão profunda do mundo. Acessar não era receber algo de bandeja, mas estar preparado para enxergar o que já estava diante de seus olhos. O acesso não era o fruto, mas a semente. E, agora, Lídia sabia que essa semente estava plantada dentro dela. Ela compreendia que o verdadeiro equilíbrio entre vontade esclarecida e raiz fortalecida era a chave para tudo. Não bastava querer algo se não estivesse preparada para recebê-lo. E não bastava estar pronta se não soubesse o que buscar. As duas coisas, unidas, formavam a base do verdadeiro acesso. E o valor próprio, ela sabia, era algo que se desenvolvia não apenas com conhecimento, mas com cada cicatriz deixada pelas batalhas enfrentadas.

Por fim, Lídia entendeu que tudo isso culminava na alavanca de seu potencial.

Quando intenção e preparação se encontram, o acesso é ativado e se torna o mecanismo que eleva e acelera o progresso. A alavanca que nos impulsiona para além do comum, maximizando o fruto da jornada.

Lídia estava finalmente pronta para ativá-la.

O que vinha a seguir estava em suas mãos. Agora, com toda a sabedoria acumulada, cabia a Lídia decidir onde colocar seu foco, sua energia e sua vontade esclarecida. O mundo estava diante dela, e o que antes parecia distante agora estava ao seu alcance. Tudo começava novamente, mas, dessa vez, Lídia sabia que estava preparada. Ela tinha o acesso. E, com ele, estava pronta para fazer o tempo trabalhar a seu favor. Tudo graças a seu pai.

– Pai? – ela murmurou.

Tentando não tropeçar nos saltos altos, a aniversariante correu através do jardim, esquivando-se dos garçons e seguindo pelo caminho de pedras que circundava a piscina até alcançar a bela mansão branca, imponente como um castelo congelado no tempo. Ela atravessou a gigantesca sala de estar e mergulhou no labirinto familiar de corredores e cômodos trancados até alcançar a entrada do escritório do pai.

Lídia hesitou antes de tocar a maçaneta. Inspirando fundo, ela a girou e empurrou a porta maciça, descobrindo o museu onde seu pai costumava se esconder.

Entretanto, não havia ninguém ali dentro.

– Pai...? – chamou ela, receosa, adentrando o aposento. As máscaras japonesas, as armaduras romanas e as estátuas egípcias pareciam agora observadores silenciosos de sua melancolia, relembrando-a dos aprendizados e pessoas que deixara para trás. A jovem foi até a espada da família Saito, elegantemente exposta na armação de madeira escurecida. Ela imaginou Takeshi refletido no aço da lâmina, o rosto do samurai marcado pela saudade.

Enxugando as lágrimas, Lídia se dirigiu até a mesa de trabalho do pai. Sobre o móvel encerado, dividindo o espaço com pastas e documentos manchados de café, um pano vermelho cobria um misterioso volume quadrado – ela sabia que ali debaixo estava a Tábua do Tempo, ainda embrulhada para presente.

Antes da briga. Antes que ela a deixasse cair.

Sobre a mesa havia também uma pequena caixa de vidro com medalhas de guerra e um álbum de fotografias. Sentando-se na cadeira de couro do pai, Lídia abriu a capa de couro desgastado do álbum, descobrindo uma extensa coleção de fotos amareladas e colagens de jornal contando a história de sua família. Ao virar de cada página, seu coração acelerava mais, aguardando a confirmação da aposta que ela fizera.

– Ah, aí está a aniversariante da noite – veio a voz.

Ressaltada, Lídia ergueu o olhar. Apoiado na lateral da porta do escritório estava seu pai, à vontade em seu terno elegante como um artista de cinema.

– Pai! – exclamou a menina, o álbum de fotos ainda aberto em suas mãos. – Onde você...? E-eu achei que...

– Elas embarcaram? – perguntou ele, adentrando o escritório. Na mão direita ele segurava um copo vazio.

– O... o quê? – indagou a jovem.

– Sua mãe e sua avó, ora – disse o homem, apoiando o copo sobre a mesa.

– Ah, s-sim, acabaram de entrar no avião – respondeu Lídia. – A mamãe disse... A mamãe disse que a vovó estava nervosa... e você sabe como ela é, né? Ela deve ser a mãe mais preocupada que existe.

– A nevasca finalmente passou, não tem por que ela ficar nervosa, né?

– Você sabe como a mamãe é. É elétrica, não para por nada e é superprotetora de um jeito que nunca vi.

– Sei muito bem. Pena você não ter conhecido sua mãe no passado. Antes de me conhecer, ela não tinha nem televisão em casa, de tão elétrica, acredita? – Ele deu a volta no móvel e se posicionou ao lado da filha, começando a folhear o álbum de fotografias. – Você sabe quantas pessoas, mais ou menos, existem em uma família de dez gerações, como a nossa?

– Pai, você...

– Mais de duas mil pessoas! – falou o homem, empolgado. – Mais de duas mil pessoas tiveram que existir para que eu e você estivéssemos aqui hoje, Lídia... Ah, olha só, este aqui é seu bisavô, um pouco depois da guerra.

Lídia olhou de volta para o álbum e se esforçou para conter as lágrimas. Na fotografia em preto e branco, ligeiramente amarelada pelo tempo, Vincenzo sorria ao lado da esposa e dos filhos pequenos, aliviados por estarem todos juntos em um novo começo. Curiosamente, tanto o nome de seu bisavô paterno quanto o de seu bisavô materno era Vincenzo, um fato que a fazia sentir uma ligação especial com essa história familiar. Em seu punho direito, Vincenzo usava o relógio que Lídia lhe dera.

– Está vendo esse menininho aqui? – Ele apontou para o filho de Vincenzo. – Este é seu avô, Mario, que depois veio para o nosso país em um navio cargueiro... de bananas! Foi a primeira vez que ele comeu banana na vida, imagine só. Ah, e por falar em desembrulhar coisas novas... – E a história ressoava ainda mais em Lídia, já que seus dois avôs também compartilhavam o mesmo nome, Mario, como um ciclo de destinos cruzados.

O homem removeu o pano vermelho da mesa, revelando o embrulho de presente com um bonito laço branco no topo.

– Feliz aniversário, filha – disse ele, meio sem jeito.

Lídia se levantou da cadeira e o abraçou. Pego de surpresa, ele a abraçou de volta.

– Ei, não é melhor abri-lo antes de me agradecer? – brincou ele.

Lídia o encarou com os olhos emocionados.

– Pai, e se tudo que eu vivi até agora fosse para me preparar exatamente para este momento?

Ele sorriu, com um olhar profundo.

– Aí você terá entendido a diferença entre o tempo aproveitado e o tempo desperdiçado.

Ela sentiu o peso e a beleza das palavras assentarem no seu coração.

– Obrigada, pai, por me dar de presente algo que dinheiro nenhum pode me dar – falou ela.